LERN STARK

Fit in der
Grundschule

Deutsch 3

Rechtschreibung

Lern- und Übungsbuch

Schroedel

LERN STARK

Deutsch 3 · Rechtschreibung
Lern- und Übungsbuch

Autorin:
Katja Vau ist Grundschullehrerin in Köln. Sie arbeitet seit mehr als 10 Jahren als Autorin für Schulbücher und Lernhilfen.

Druck[1] / Jahr 2011

Redaktion: lüra – Klemt & Mues GbR, Wuppertal
Kontakt: lernhilfen@schroedel.de
Herstellung: Sandra Grünberg
Illustrationen: Hans-Jürgen Feldhaus, Münster und Evelyn Neuss, Hannover
Umschlaggestaltung und Layout: Klaxgestaltung, Braunschweig
Umschlagfoto: Peter Wirtz, Dormagen
Satz: KCS GmbH · Verlagsservice & Medienproduktion, Buchholz/Hamburg
Druck und Bindung: westermann druck GmbH, Braunschweig

ISBN 978-3-507-**23231**-0

Vorwort

Liebe Schülerin, lieber Schüler,

du möchtest fit in der Grundschule werden?
Das **LERNSTARK Lern- und Übungsbuch** hilft dir dabei! Mit diesem Buch kannst du die Inhalte des Deutschunterrichts zum Lernbereich Rechtschreibung im 3. Schuljahr wiederholen und üben. Zu jedem wichtigen Thema gibt es eine **Doppelseite**. So wird der Stoff in übersichtliche Einheiten gegliedert, die dir das Lernen erleichtern.

Anschaulich erklärte **Regeln** und wertvolle **Tipps** helfen dir bei der Bearbeitung der Aufgaben.

Am Ende jedes Kapitels überprüfst du mit einem **Test** deinen Lernerfolg.

Mithilfe des **Lösungsheftes** hinten im Buch kannst du kontrollieren, ob du alle Aufgaben richtig bearbeitet hast. Hier findest du auch die Auswertungen zum Test.

Bei der Arbeit mit diesem Buch stehen dir Fred und Ratze mit Tipps und Tricks zur Seite.

Wenn du im Buch einmal nicht genug Platz für die Bearbeitung der Aufgaben findest, nimm einfach ein Heft zur Hand.

Viel Erfolg!

Katja Vau

Inhaltsverzeichnis

4. Wörter mit Besonderheiten

5. Groß- und Kleinschreibung

6. Satzzeichen

1. Lange und kurze Vokale

Einführung: lang oder kurz?

Tipp

Um ohne Fehler schreiben zu können, musst du Silben unterscheiden.

Die erste Silbe eines Wortes kann mit einem **Vokal** (Selbstlaut) enden: **Kö-nig**, **ma-len**, **we-nig**. Dann hörst du den Vokal lang und deutlich.

Die erste Silbe kann aber auch mit einem **Konsonanten** (Mitlaut) enden: **kön-nen**, **knal-len**, **wen-den**. Dann hörst du den Vokal nur kurz.

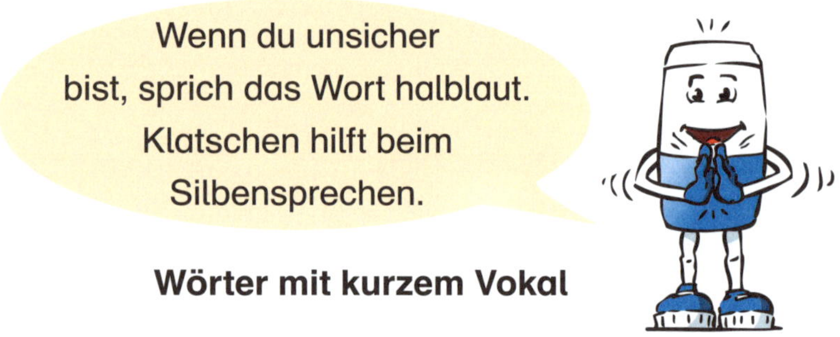

1. Sprich die Wörter und schreibe sie mit Trennstrichen auf.

Wörter mit langem Vokal	**Wörter mit kurzem Vokal**
König – Kö-nig	können – kön-nen
malen –	knallen – ....
wenig –	wenden – ....
Schule –	summen – ....
Monat –	Wetter – ....
Juli –	trinken – ....
leben –	tanzen – ....

2. **Umkreise die Wörter mit langem Vokal.**

sagen sollen scherzen

Honig kommen Träne

Regel

Merke dir:

- **wen** und **den** haben einen **langen Vokal** – du schreibst nur **ein n**.
- **wenn** und **denn** haben einen **kurzen Vokal** – du schreibst **zwei n**.

3. **Lies die Regel und setze ein: wen oder wenn? den oder denn?**

Immer .... ich friere, klappern meine Zähne.

Weißt du schon, ... du einladen willst?

Du kannst .... Stift gern ausleihen.

Ich bin müde, ... ich habe schlecht geschlafen.

Tipp

Diese **Stolpersteine** kommen bei **Wörtern mit langen Vokalen** vor:

ß: .... , Dehnungs-**h**: ....

ie: .... , Doppelvokal: ....

Diese **Stolpersteine** kommen bei **Wörtern mit kurzen Vokalen** vor:

doppelte Konsonanten: .... und .... ,

tz: .... , **ck**: ....

4. **Lies den Tipp oben und setze die Beispielwörter richtig ein.**

Tanne See fahren lieb Fuß

messen backen kratzen

Wörter mit doppelten Konsonanten

Regel

Hörst du nach einem kurzen Vokal nur einen Konsonanten (Mitlaut), wird dieser **Konsonant verdoppelt**: **Wasser**, **stimmen**

1. Lies die Regel. Markiere im Text alle Wörter mit doppelten Konsonanten.

Um unsere Sonne kreisen acht Planeten. Die Sonne bleibt immer an derselben Stelle in der Mitte der Planeten. Einer der Planeten ist die Erde. Die meisten hellen Punkte, die wir nachts am Himmel leuchten sehen, sind auch Sonnen. Wir nennen sie Sterne. Der Mond und alle Planeten geben kein eigenes Licht ab. Wir können sie nur sehen, weil sie vom Licht der Sonne beleuchtet werden.

2. Schreibe die im Text markierten Wörter auf.
Wörter, die mehrmals vorkommen, brauchst du nur einmal aufzuschreiben.

....

....

....

....

3. Schreibe die Wörter von Aufgabe 2 mit Trennstrichen auf.

Son-ne, ...

....

....

> **Tipp**
> Wenn du nicht weißt, ob ein Verb in der gebeugten Form mit **zwei Konsonanten** geschrieben wird, bilde eine verlängerte Form: **es knallt** → **sie knal-len**

4. Ergänze die gebeugten Verbformen.

wir rennen – sie rennt ....

wir sollen – du ....

wir wollen – ich ....

sie passen – es ....

wir summen – er ....

wir bellen – er ....

wir küssen – er ....

sie brennen – es ....

wir brummen – er ....

wir wippen – er ....

5. Schreibe die passenden gebeugten Verbformen in die Lücken.

Wenn es ...., rufe ich die Feuerwehr.

Er .... seine Oma zum Abschied.

Der Hund .... Der Bär ....

Mein T-Shirt .... mir nicht mehr.

6. Schreibe zwei Sätze mit dem Wort muss.

....

....

Weitere Wörter mit kurzen Vokalen

Regel

Auf einen kurzen Vokal folgen mindestens zwei Konsonanten.
Wenn es **zwei verschiedene Konsonanten** sind, werden sie nicht verdoppelt:
On-kel, **ros-tig**, **Wör-ter**, **hel-fen**

1. **Schreibe die Wörter mit Trennstrichen auf.**

stinken	**hampeln**	**falten**	**Kante**
Silber	**scherzen**	**strampeln**	**hinken**
halten	**Tante**	**schmerzen**	**Enkel**

stin-ken, ...

....

....

....

2. **Zehn der Wörter reimen sich. Schreibe die fehlenden vier Reimpaare auf.**

stinken – hinken, ...

....

....

3. **Welche beiden Wörter sind übriggeblieben? Schreibe sie auf.**

....

4. **Wähle drei Wörter aus Aufgabe 1 aus und schreibe mit ihnen kurze Sätze auf.**

....

....

....

5. **Je zwei Wörter gehören zu einer Wortfamilie. Verbinde sie miteinander.**

golden
Bänke
salzig
Kälber
sandig
Äste

6. **Schreibe die Wortpaare zusammen auf, jedes Wortpaar in eine neue Zeile.**

....
....
....
....
....
....

7. **Finde das richtige Wort und schreibe es auf.**

+ Gabel = Astgabel

+ Schatz = ...

+ Streuer = ...

+ Kiste = ...

+ Stall = ...

+ Überfall = ...

8. **Trage die Wörter von Aufgabe 7 auch neben den Wortfamilien von Aufgabe 6 ein.**

Wörter mit ss und mit ß

Regel

Für Wörter mit **ss** und **ß** gilt:

- nach einem kurz gesprochenen Vokal folgt **ss** – **Fluss**.
- nach einem lang gesprochenen Vokal folgt **ß** – **Fuß**.

1. **Sprich die Wörter. Achte auf den Vokal in der Mitte des Wortes. Ist er kurz wie bei dem Wort Fluss oder lang wie bei dem Wort Fuß?**

nass	groß	Spaß	Schoß	Nuss	Floß
muss	Hass	Kuss	Ruß	süß	Schloss

2. **Setze unter die kurzen Vokale einen Punkt: nass, und unter die langen Vokale einen Strich: groß.**

3. **Schreibe die Wörter aus Aufgabe 1 geordnet auf, jedes Wort in eine neue Zeile.**

Wörter mit ss	Wörter mit ß
nass	groß

4. **Sprich die Wörter laut und höre auf den betonten Vokal in der ersten Silbe: Ist er kurz oder lang? Zeichne einen • oder einen _ unter den betonten Vokal.**

Schlösser Nässe hassen küssen Größe Späße

Schöße Nüsse Flöße rußig süßen müssen

5. **Trage die Wörter passend zur Wortfamilie bei Aufgabe 3 ein.**

6. **Verbinde die Wörter mit den passenden Bildern.**

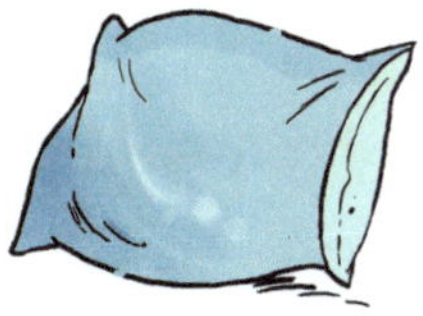

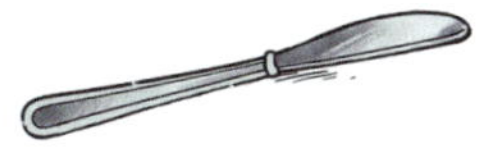

Grüße **Kissen** **Schlüssel** **Messer**

Klasse **Tasse** **Straße** **Schüssel** **Soße**

Tipp

- Zweisilbige Wörter mit **ss** werden zwischen den beiden **ss** getrennt: **Kis-sen**
- Zweisilbige Wörter mit **ß** werden vor dem **ß** getrennt: **Grü-ße**

7. **Schreibe die Wörter aus Aufgabe 6 mit Trennstrichen auf.**

....

....

....

....

8. **Schreibe die Verben in einer gebeugten Form mit er oder es auf.**

hassen **grüßen** **müssen** **heißen**

küssen **passen** **vermissen** **stoßen**

er hasst, ...

....

....

Wörter mit ck

Regel

Nur nach einem betonten, kurzen Vokal kann **ck** stehen: **backen**, **stecken**
Wörter mit **ck** werden vor dem **ck** getrennt: **ba-cken**, **ste-cken**

1. **Stelle die Verben als Reimpaare zusammen.**

spucken **packen** **nicken** **knacken** **schmücken** **schocken** **schicken** **wecken** **locken** **lecken** **schlucken** **drücken**

spucken – schlucken,

2. **Schreibe die Verben aus Aufgabe 1 mit Trennstrichen auf.**

3. **Schreibe mit einigen Verben kurze Sätze auf.**

Max knackt eine Nuss.

4. **Lies den Text und markiere die fünf Wörter mit ck.**

Wenn der Himmel nachts nicht von Wolken bedeckt ist, ist es sternenklar. Viele Menschen gucken gern in den Sternenhimmel. So mancher hofft, einmal eine Sternschnuppe zu erblicken. Manchmal hat man Glück und kann eine sehen. Sternschnuppen sind aber gar keine verlöschenden Sterne, sondern kleinste Gesteinsbrocken, die verglühen.

5. **Schreibe den Text aus Aufgabe 4 ab.**

Tipp

So schreibst du richtig ab: Merke dir immer nur einen kleinen Teil.
Decke den Text zu und schreibe den kleinen Teil auf.
Kontrolliere dann sofort, ob du richtig geschrieben hast und verbessere Fehler.

Wörter mit tz

Regel

Nur nach einem betonten, kurzen Vokal kann ein **tz** stehen: **Hitze**, **platzen**

1. **Verbinde die Wörter mit den passenden Bildern.**
Achtung: Zwei Bilder sind schwer zu finden. Kreise sie ein.

Satz **Glatze** **Netze** **Mütze** **Spritze**

Schatz **Blitze** **Katze** **Hetze** **Pfütze**

2. **Stelle die Nomen zu Reimpaaren zusammen.**

....

....

....

....

3. **Welche Wörter aus Aufgabe 1 passen in die Lücken? Setze ein.**

Bei Regen sieht man viele .... auf der Straße.

Wenn jemand keine Haare hat, hat er eine ....

Vor der Kälte schützt eine ....

Wenn es gewittert, sieht man viele .... am Himmel.

Viele Menschen haben beim Arzt Angst vor einer ....

4. **Schreibe die Verben als Reimpaare auf.**

kratzen **putzen** **glotzen** **verletzen** **nützen** **schnitzen**

petzen **motzen** **schützen** **flitzen** **schmatzen** **verschmutzen**

....

....

....

....

5. **Schreibe die Verben aus Aufgabe 4 mit Trennstrichen auf.**

krat-zen, ...

....

....

....

Tipp

Verben mit **tz** haben in der gebeugten Form mit **er**, **sie** oder **es** ein **-tzt**:

er sitzt, sie sitzt, es sitzt

6. **Schreibe die Verben in einer gebeugten Form mit er oder es auf.**

....

....

....

....

....

....

....

Wörter mit Dehnungs-h

Tipp

Es gibt Wörter, bei denen auf einen langen Vokal ein **Dehnungs-h** folgt.
Dieses Dehnungs-**h** kann man nicht hören: **kehren**, **Sahne**

1. Markiere bei diesen Wörtern den Buchstaben nach dem Dehnungs-h.

Uhr ohne sehr fühlen Bahn Rahmen
Zahn Stuhl Lehrer fehlen wohl
lähmen wohnen zahm Ohr nehmen

2. Schreibe die Wörter geordnet auf.

vor dem l: ....

....

vor dem m: ....

....

vor dem n: ....

....

vor dem r: ....

....

Regel

Das Dehnungs-**h** steht vor den Buchstaben **l**, **m**, **n**, **r**: **hohl**, **zahm**, **Lohn**, **Uhr**

3. **Schreibe zu jedem Bild einen Satz.**

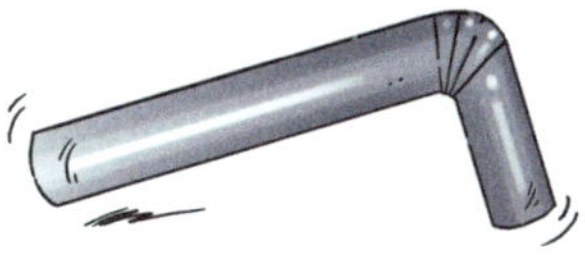

Die Anzahl der Planeten in unserem Sonnensystem hat sich in den letzten Jahren verändert. Noch vor einigen Jahren zählte man neun Planeten, heute sind es nur noch acht an der Zahl. Der neunte Planet war Pluto. Pluto gibt es zwar noch, aber er ist kein Planet mehr. Wissenschaftler haben im Jahr 2006 empfohlen, ihn nicht mehr Planet, sondern Zwergplanet zu nennen. Das führte zu neuem Ruhm für Pluto.

4. **Markiere im Text oben alle Wörter mit Dehnungs-h und schreibe sie auf. Wörter, die mehrmals vorkommen, brauchst du nur einmal aufzuschreiben.**

Wörter mit ie

Regel

Die meisten Wörter, in denen man ein langes und deutliches **i** hört, werden mit **ie** geschrieben: **hier**, **vier**

1. **Verbinde die Nomen mit den passenden Bildern.**

Stiefel
Sieb
Zwiebel
Knie
Brief
Wiese
Ziege
Kies
Wiege
Biene
Fliege
Spiegel

2. **Schreibe die Nomen geordnet auf.**

Wörter mit **4** Buchstaben: ....

Wörter mit **5** Buchstaben: ....

....

Wort mit **6** Buchstaben: ....

Wörter mit **7** Buchstaben: ....

....

3. **Schreibe zu diesen Wörtern Reimwörter von Aufgabe 1 dazu.**

schief – .... fies – ....

Dieb – .... Riese – ....

Schiene – .... nie – ....

4. **Schreibe die Verben als Reimpaare auf.**

liegen schießen kriechen spielen

lieben verlieren gießen kriegen

riechen frieren schieben zielen

5. **Schreibe die Verben in der gebeugten Form mit er oder es auf.**

es liegt,

6. **Schreibe drei Sätze auf, in denen eines oder mehrere Wörter mit ie vorkommen.**

Wörter mit doppelten Vokalen

Regel

Nur bei ganz wenigen Merkwörtern wird der lange Vokal verdoppelt:
Saal, **Fee**, **Zoo**

1. **Hier haben sich 16 Nomen mit einem doppelten Vokal versteckt. Suche und markiere sie.**

N	Z	R	F	L	P	D	W	X	B	L	P
C	G	B	E	E	R	E	Y	P	T	E	E
F	Z	P	E	S	W	Q	J	L	N	B	R
K	A	F	F	E	E	K	N	M	F	R	K
V	W	G	H	Z	P	S	E	E	F	D	L
A	A	L	Y	O	H	K	B	E	R	W	E
K	A	P	Q	O	S	R	T	R	L	S	E
D	G	V	H	A	A	R	E	C	X	M	N
R	E	M	D	G	N	T	R	B	T	O	P
D	L	O	S	C	H	N	E	E	G	O	W
B	O	O	T	F	C	X	W	E	Q	R	J
F	L	S	Z	R	W	X	B	T	S	H	K

2. **Schreibe die Wörter mit aa, ee, oo in normaler Schreibweise auf.**

....

....

....

....

Tipp

Wenn zwei Dinge zusammengehören, sind sie **ein Paar**.
Mehrere Dinge sind aber **ein paar** Dinge.

3. Kreise die Bilder, die ein Paar zeigen, rot ein.
Umkreise Bilder, auf denen ein paar Dinge vorhanden sind, blau.

4. Setze paar oder Paar in die Lücken ein.

Ich brauche ein neues .... Gummistiefel.

In der Bücherei kann man sich ein .... Bücher ausleihen.

Ich habe mein neues .... Ohrringe in der Umkleide vergessen.

Mama stellt uns ein .... Kekse hin.

Ich habe schon wieder ein .... Handschuhe verloren.

Ich nehme ein .... Bananen mit ins Freibad.

5. Schreibe einen Satz, in dem ein paar vorkommt.

....

1. Test

Bist du fit?

1. Schreibe die Wörter an der passenden Stelle in die Tabelle. /4

summen **Schule** **leben** **tanzen**

Wörter mit langem Vokal	Wörter mit kurzem Vokal
König	können ....
....	....
....	....

2. Was ist richtig? Kreuze an. Zwei Lösungen stimmen. /2

- ☐ Wenn man nach einem kurzen Vokal nur einen Konsonanten hört, wird der Konsonant großgeschrieben.
- ☐ Wenn man nach einem kurzen Vokal nur einen Konsonanten hört, dann wird der Konsonant verdoppelt.
- ☐ Wenn man nicht weiß, ob ein gebeugtes Verb mit einem doppelten Konsonanten geschrieben wird, hilft eine verlängerte Form des Verbs.

3. Schreibe die Verben in der gebeugten Form mit er oder es auf. /6

wollen: ....

passen: ....

rennen: ....

müssen: ....

wippen: ....

brummen: ....

4. Was ist richtig? Kreuze an. Zwei Lösungen stimmen. /2

☐ Auf einen kurzen Vokal folgen mindestens zwei Konsonanten.

☐ Auf einen kurzen Vokal folgen mindestens vier Konsonanten.

☐ Wenn auf einen kurzen Vokal zwei verschiedene Konsonanten folgen, dann werden sie beide verdoppelt.

☐ Wenn auf einen kurzen Vokal zwei verschiedene Konsonanten folgen, dann werden sie nicht verdoppelt.

5. Setze n oder nn ein. /6

bre .... en	sti .... ken	Ta .... te
Wa .... e	Bru .... en	E .... kel

6. Was ist richtig? Kreuze an. Zwei Lösungen stimmen. /2

☐ Ein **ß** kann nur am Wortende stehen.

☐ Ein **ß** kann nur auf einen langen Vokal folgen.

☐ Ein **ss** kann nur am Wortanfang stehen.

☐ Ein **ss** kann nur auf einen kurzen Vokal folgen.

7. Kreise die Wörter mit ss rot ein, und die Wörter mit ß grün. /6

8. Schreibe die Wörter auf. /6

....

....

....

9. Was ist richtig? Kreuze an. Zwei Lösungen stimmen. /2

- ☐ Ein **ck** kann nur am Wortende stehen.
- ☐ Ein **ck** kann nur auf einen langen Vokal folgen.
- ☐ Ein **ck** kann nur auf einen kurzen Vokal folgen.
- ☐ Ein **ck** wird nicht getrennt.

10. Schreibe die Verben in der gebeugten Form mit er oder es auf. /6

spucken: .... schocken: ....

wecken: .... knacken: ....

knicken: .... stecken: ....

11. Schreibe die Verben aus Aufgabe 10 mit Trennstrichen auf. /6

....

....

12. Was ist richtig? Kreuze an. Eine Lösung stimmt. /1

- ☐ Ein **tz** kann auf einen kurzen Vokal folgen.
- ☐ Ein **tz** kann nur auf einen langen Vokal folgen.
- ☐ Ein **tz** kann nur am Wortanfang stehen.

13. Schreibe die Verben in der gebeugten Form mit er oder es auf. /5

sitzen: ....

kratzen: ....

glotzen: ....

schützen: ....

petzen: ....

14. **Was ist richtig? Kreuze an. Drei Lösungen stimmen.** /3

- ☐ Manche Wörter mit einem langen Vokal enthalten ein Dehnungs-**h**.
- ☐ Ein Dehnungs-**h** kann man nicht hören.
- ☐ Ein Dehnungs-**h** kann man deutlich hören.
- ☐ Ein Dehnungs-**h** kann nur vor den Buchstaben **l, m, n, r** stehen.

15. **Schreibe vier Wörter mit einem Dehnungs-h auf.** /4

....

....

16. **Schreibe vier Wörter mit einem ie auf.** /4

....

....

17. **Schreibe drei Wörter mit einem doppelten Vokal auf.** /3

....

18. **Setze ein: paar oder Paar?** /5

Ich habe im Sportverein ein .... neue Freunde gefunden.

Ich kann dir gern ein .... Stifte abgeben.

Unser Hund hat ein .... Löcher im Garten gegraben.

In unserer Tasche liegt ein .... Handschuhe.

Zum Geburtstag habe ich ein .... Schuhe bekommen.

Dein Testergebnis /73

2. Ableitungen

b, d, g am Wortende (1)

Gleich und doch ganz anders

Tannen und Fichten tragen beide kein Laub wie die Eichen oder die Kastanien, sondern sie haben Nadeln. Die Tanne wird oft mit der Fichte verwechselt.
Ein Unterschied zwischen den beiden Nadelbäumen ist jedoch wichtig und schon von weitem erkennbar: Tannenzapfen stehen auf dem Zweig, Fichtenzapfen hängen herunter. Fichten werden häufig im Wald angepflanzt, weil sie sehr schnell wachsen.

1. Lies den Text und markiere alle Wörter, die auf b, d oder g enden.

Regel

Am Ende eines Wortes klingt
b wie **p**: **Dieb**
d wie **t**: **gesund**
g wie **k**: **Berg**
Verlängere, dann hörst du, ob es sich um ein **b**, **d** oder **g** handelt:
Dieb → Diebe, gesund → gesünder, Berg → Berge

2. Lies die Regel und schreibe die markierten Wörter aus dem Text neben die passenden verlängerten Formen.

des Laubes – ....
die Unterschiede – ....
die Zweige – ....
die Wälder – ....

werden – ....
wichtiger – ....
häufiger – ....

3. **Welche Wörter zeigen die Bilder? Sprich sie halblaut und verlängere sie.**

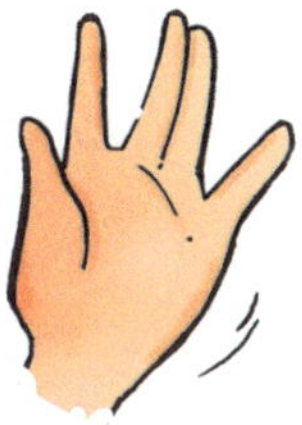

4. **Kreuze die Wörter an, die auf b, d oder g enden.**

5. **Schreibe die angekreuzten Wörter auf.**

....

....

....

....

Um Nomen zu verlängern, bildest du die Mehrzahl (den Plural).

6. **Setze die angekreuzten Nomen in die Lücken der Sätze ein.**

Der .... bellt.

Ich habe fünf Finger an einer ....

Das Mädchen trägt ein schönes ....

Ich male ein ....

Ritter lebten auf einer ....

Zum Kochen braucht man ein ....

b, d, g am Wortende (2)

1. Aufgepasst: Zu welchem Nomen passt eines der Bilder? Kreuze an.

☐ Bäder ☐ Berge ☐ Zwerge ☐ Körbe

☐ Züge ☐ Kinder ☐ Pferde ☐ Schilder

☐ Räder ☐ Wände ☐ Ränder ☐ Freunde

2. Schreibe alle Nomen aus Aufgabe 1 in der Einzahl und in der Mehrzahl auf.

Mehrzahl – Einzahl	Mehrzahl – Einzahl
Bäder – Bad	

3. Einige der Nomen reimen sich in der Einzahl.
Schreibe die drei Reimpaare auf.

Tipp

Adjektive verlängerst du so:

trüb → trüber, blond → blonder, schräg → schräger

4. Schreibe zu jedem verlängerten Adjektiv die Grundform auf.

blonder – blond

grober – ....

tauber – ....

runder – ....

wilder – ....

lieber – ....

gelber – ....

blinder – ....

klüger – ....

fremder – ....

5. Wähle Adjektive und Nomen von Seite 30 bis 31 und schreibe drei kurze Sätze auf.

Der Korb ist rund.

....

....

....

b und g im Wort

Regel

Auch im Wort kann **b** wie **p** und **g** wie **k** klingen.
Häufig ist dies bei gebeugten Verbformen: **es trabt, sie schlägt**

Verlängere, indem du die **Grundform des Verbs** bildest:
es trabt → traben, sie schlägt → schlagen

1. Lies jede Verbform laut.
Sprich gleich danach die verlängerte Form, also die Grundform.

er schreibt · sie raubt · du fliegst · er fängt · er lobt

sie klagt · du wagst · es treibt · sie glaubt · er liegt

2. b oder g? Trage bei jedem Verb den fehlenden Buchstaben ein.
Prüfe, indem du die wir-Form bildest.

sie schrau…t · sie lü…t · du fü…st

es kle…t · er wie…t · du to…st

sie schie…t · es bie……t

3. Schreibe die Verben in der gebeugten Form in die Lücke.

Oma Erna .... **(lieben)** ihre Enkel  sehr.

Sie .... **(schreiben)** ihnen jede Woche einen .

Auf den Umschlag .... **(kleben)** Oma Erna eine .

Den Brief .... **(tragen)** sie zum  und ....

(schieben) ihn in den 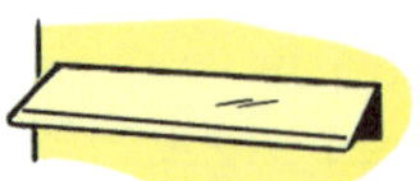. Bald kommt er an!

4. **Trage alle gebeugten Verbformen von Aufgabe 1 und 2 passend ein.**

Verben, in denen das b wie ein p klingt	Verben, in denen das g wie ein k klingt
er schreibt, sie raubt, ...	....
....	....
....	....
....	....
....	....
....	....
....	....
....	....
....	....

5. **Bilde aus den Grundformen Reimwörter und schreibe sie ins Gedicht.**

bleiben **loben** **wiegen** **schweben**

Wenn der Walter Briefe schreibt,
und sich fragt, wo Else .... ,
sieht man häufig, dass er tobt,
weil die Else ihn nicht ....
Doch wie soll die Else loben?
Wo sie doch im Bette liegt,
und ihr süßes Baby .... ?
Und vom Bett aus Walter liebt,
bis der seinen Brief zuklebt
und zu seinen Lieben ....

Wörter mit s

Regel

Am Wortende hören sich **s** und **ß** oft gleich an: **das Glas, der Spaß**

Verlängere die Nomen, indem du die Mehrzahl bildest. Sprich laut.
Hörst du ein **summendes s**: **das Glas** → **die Gläser**, dann schreibe **s**.
Hörst du ein **gezischtes ß**: **der Spaß** → **die Späße**, dann schreibe **ß**.

1. **Was zeigen die Bilder? Sprich die Wörter aus.**
Bilde die Mehrzahl und prüfe: Welche Wörter haben ein s am Ende?
Kreise diese ein.

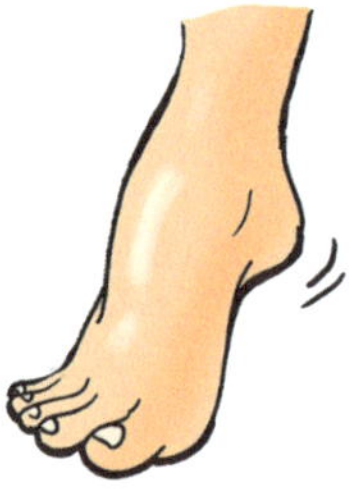
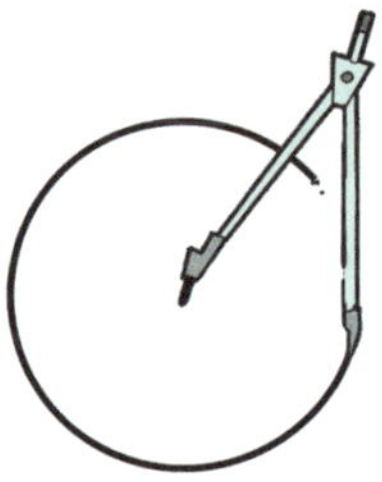

2. **Schreibe neben diese Mehrzahl-Wörter die Einzahl-Wörter auf.**

die Ausweise – der ....

die Gläser – das ....

die Mäuse – die ....

die Lose – das ....

die Kurse – der ....

die Gräser – das ....

die Gleise – das ....

die Gänse – die ....

die Kreise – der ....

die Preise – der ....

die Läuse – die ....

die Häuser – das ....

die Moose – das ....

die Verse – der ....

Regel

Auch im Wort hören sich **s** und **ß** manchmal gleich an.
Häufig ist dies bei gebeugten Verbformen: **er niest, sie gießt**

Verlängere, indem du die **Grundform des Verbs** bildest:
er niest → niesen, sie gießt → gießen

3. Schreibe die Verben in einer gebeugten Form mit er auf. Achte auf das s!

lesen – er liest ....

rasen – ....

sausen – ....

bremsen – ....

losen – ....

grinsen – ....

reisen – ....

lösen – ....

dösen – ....

niesen – ....

4. Ergänze passende Verben aus Aufgabe 3. Achte auf die richtige Form des gebeugten Verbs.

In meiner Klasse

Der Schulbus .... vor der Schule ab und hält an.

Meine Freundin Lina .... abends gern ein Buch.

Bei diesem Witz .... sogar die Lehrerin.

Neulich hat Nils behauptet, dass er jedes Rätsel ....

Malte ...., Nele ...., alle haben Schnupfen.

Carlo .... neben der Heizung, gleich schnarcht er noch.

Sobald es klingelt, ... wirklich jeder auf den Schulhof.

Bald sind Ferien, dann .... meine Familie nach England.

Wörter mit ä und äu (1)

Regel
Viele Wörter, die mit **ä** geschrieben werden,
haben ein **verwandtes Wort mit a**:
die Äste – der Ast, sie fängt – fangen, kälter – kalt

1. **Schreibe für jedes Nomen die Mehrzahl auf.**

die Nacht das Dach das Fach der Hahn die Hand
der Mann der Ball das Land der Apfel die Bank

die Nächte, ...

....

....

....

2. **Schreibe die Verben in einer gebeugten Form mit er oder es auf.**

graben schlafen waschen wachsen fangen
fallen fahren lassen schlagen tragen

es gräbt, ...

....

....

....

3. **Wähle einige Wörter von dieser Seite aus und schreibe Sätze auf.**

....

....

....

4. **Zwei Adjektive gehören jeweils zusammen. Schreibe sie wie im Beispiel auf.**

älter	scharf	~~hart~~	wärmer	arm	kälter
kalt	ärmer	alt	schärfer	~~härter~~	warm

hart – härter

Tipp

Findest du mit der Einzahl der Nomen, der Grundform der Verben oder der Grundstufe der Adjektive keine **verwandte Form mit a?**
Dann suche ein anderes Wort der Wortfamilie:
kämmen → der Kamm, der Sänger → der Gesang

5. **Jeweils zwei Wörter gehören zusammen. Schreibe die Paare auf.**

der Jäger	kämpfen	jährlich	die Zahl	verdächtig
der Verdacht	jagen	der Kampf	zählen	das Jahr

Wörter mit ä und äu (2)

1. ä oder e? Vier der Wörter werden mit ä und vier werden mit e geschrieben. Schreibe nur die Wörter mit ä, zu denen du ein verwandtes Wort mit a findest.

die Schr★nke | der St★rn | sie h★lt | sie w★ckt

★xtra | l★nger | sch★len | ★ng

Wörter mit e	Wörter mit ä	verwandte Form mit a
....	....	....
....	....	....
....	....	....
....	....	....

Regel

Die meisten Wörter, die mit **äu** geschrieben werden, haben ein verwandtes Wort mit **au**:
die Bäume – der Baum, er säuft – wir saufen

2. Schreibe die Nomen in der Mehrzahl auf.

das Maul | die Maus | der Raum | der Strauch

der Zaun | das Haus | der Bauch | das Kraut

die Mäuler, ...

....

....

....

3. **Jeweils zwei Wörter gehören zusammen. Schreibe die Paare auf.**

häufig	der Traum	der Räuber	laufen	der Verkäufer
kaufen	sie läuft	träumen	der Haufen	rauben

4. **Verändere die Sätze so, dass die Nomen in der Einzahl stehen.**

Die Männer fahren.

Der

Die Gänse laufen.

Die Hähne saufen.

Die Sträucher wachsen.

Die Dächer halten.

Die Blätter fallen.

Die Lämmer schlafen.

Die Hände tragen.

Die Mäuse graben.

Wörter mit silbentrennendem h

Regel

Wenn bei zwei Silben zwei Vokale aufeinandertreffen,
dann setzt man meist ein **h** dazwischen: **ge-hen, blü-hen**
Wenn du das Wort rhythmisch und deutlich sprichst, kannst du das **h** hören.
Dieses **h** bleibt bei verwandten Wörtern erhalten: **er geht, es blüht**

1. **Wer macht was? Ordne den Bildern Verben zu. Verbinde mit einem Strich.**

wehen sehen stehen drehen gehen

2. **Schreibe die Verben von Aufgabe 1 mit Trennstrichen auf.**

....

....

....

....

3. **Schreibe die Verben aus Aufgabe 1 in einer gebeugten Form mit er oder es auf.**

....

....

....

4. Je zwei Verben reimen sich. Schreibe die Reimpaare auf.
Unterstreiche in jedem Verb das h.

blühen ruhen nähen ziehen

fliehen krähen glühen muhen

5. Vervollständige die Tabelle.

Verb in der Grundform	... mit Trennstrichen	... in der er- oder es-Form
blühen		
ruhen		
nähen		
ziehen		
fliehen		
krähen		
glühen		
muhen		

6. Schreibe drei Sätze mit Verben aus Aufgabe 5 auf.

Im Stall muht eine Kuh.

2. Test

Bist du fit?

1. Was ist richtig? Kreuze an. Zwei Lösungen stimmen. /2

☐ Am Wortende hören sich **b, d, g** wie **p, t, k** an.

☐ Am Wortanfang hören sich **b, d, g** wie **p, t, k** an.

☐ Wenn man die Wörter verlängert, kann man **b, d, g** hören.

☐ Wenn man die Wörter deutlich ausspricht, kann man **b, d, g** hören.

2. Schreibe die Wörter zu den Bildern auf. /4

....

3. Schreibe die gesuchten Wörter auf. /3

Ein Ball ist r ....

Diese Farbe hat eine Zitrone: g ....

Das Gegenteil von dumm ist k ....

4. Was ist richtig? Kreuze an. Eine Lösung stimmt. /1

☐ Auch im Wort können **b** und **g** wie **p** und **k** klingen, vor allem bei gebeugten Verbformen.

☐ Auch im Wort können **b** und **g** wie **p** und **k** klingen, vor allem bei Satzanfängen.

5. Schreibe die Verben in der gebeugten Form mit er oder es auf. /4

schreiben – ....

bringen – ....

lügen – ....

toben – ....

6. **Was ist richtig? Kreuze an. Zwei Lösungen stimmen.** /2

- ☐ Am Wortanfang klingen **s** und **ß** gleich.
- ☐ Am Wortende klingen **s** und **ß** gleich.
- ☐ Wenn man die Wörter deutlich ausspricht, kann man **s** und **ß** unterscheiden.
- ☐ Wenn man die Wörter verlängert, kann man **s** und **ß** unterscheiden.

7. **Schreibe die Wörter zu den Bildern auf.** /4

....

8. **Was ist richtig? Kreuze an. Eine Lösung stimmt.** /1

- ☐ Auch im Wort können **s** und **ß** gleich klingen, vor allem bei Satzanfängen.
- ☐ Auch im Wort können **s** und **ß** klingen, vor allem bei gebeugten Verbformen.

9. **Schreibe die Verben in der gebeugten Form mit er oder es auf.** /12

niesen – ....

rasen – ....

lösen – ....

sausen – ....

grasen – ....

hausen – ....

bremsen – ....

grinsen – ....

reisen – ....

speisen – ....

blasen – ....

brausen – ....

10. **Was ist richtig? Kreuze an. Zwei Lösungen stimmen.** /2

- ☐ Zu den meisten Wörtern mit ä gibt es ein verwandtes Wort mit ie.
- ☐ Zu den meisten Wörtern mit ä gibt es ein verwandtes Wort mit a.
- ☐ Zu den meisten Wörtern mit äu gibt es ein verwandtes Wort mit ei.
- ☐ Zu den meisten Wörtern mit äu gibt es ein verwandtes Wort mit au.

11. **Schreibe die Wörter zu den Bildern in der Mehrzahl auf.** /4

 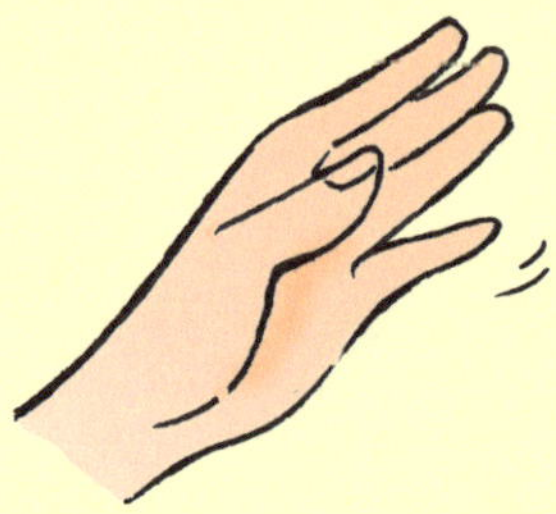  

....

12. **Schreibe die Verben in der gebeugten Form mit er oder es auf.** /4

fahren – .... waschen – ....

fangen – .... graben – ....

13. **Schreibe zu den Wörtern eine verwandte Form mit a oder au auf.** /6

wärmen – .... zählen – ....

Jäger – .... ärmer – ....

träumen – .... sie läuft – ....

14. **Fehlt in den Lücken ä oder e? Setze richtig ein.** /8

sie schl.....ft er m.....ckert

.....twas die N.....chte

r.....chts .....ckig

l.....nger die Bl.....tter

15. Was ist richtig? Kreuze an. Drei Lösungen stimmen. /3

Wenn bei zwei Silben zwei Vokale aufeinandertreffen, …

☐ setzt man meist ein h dazwischen.

☐ ist das egal.

Dieses **h** …

☐ kann man nicht hören.

☐ kann man hören.

Wenn man ein Wort mit silbentrennendem **h** trennt, …

☐ steht das h am Ende der ersten Silbe.

☐ steht das h am Anfang der zweiten Silbe.

16. Schreibe die Verben in der gebeugten Form mit er oder es auf. /4

drohen – .... leihen – ....

sprühen – .... mähen – ....

17. Schreibe zu jedem Verb ein Reimwort dazu. /4

sehen – .... fliehen – ....

glühen – .... nähen – ....

Dein Testergebnis /68

3. Wortbildung

Wörter mit Wortbausteinen

1. **Lies den Text und die Regel.**
Umkreise im Text die Wörter mit dem Wortbaustein mit-.
Unterstreiche die Wörter mit dem Baustein -chen.

Ein Hobby vieler Leute ist das Sammeln. Die Menschen sammeln Fußballbildchen, Kuscheltiere, Zuckertütchen und vieles mehr. Viele Kinder dürfen ihre Sammlungen in die Schule mitbringen. In den Pausen schauen sie sich dann miteinander ihre Sammlungen an. Manchmal tauschen sie einige ihrer Schätzchen.

Regel

Wortbausteine können Wörter verändern. Ein Wortbaustein
- kann **vorn** stehen: **nehmen** → **mitnehmen**
- kann **hinten** stehen: **das Tier** → **das Tierchen**

2. **Schreibe die Wörter aus dem Text geordnet auf.**

Wörter mit dem Wortbaustein mit-:

....

Wörter mit dem Wortbaustein -chen:

....

Regel

Der Wortbaustein -chen verändert die Bedeutung eines Nomens.
Nomen mit -chen heißen **Verkleinerungsform**:
das Bild → das Bildchen
Nomen mit dem Wortbaustein -chen haben immer den Artikel das.

3. Schreibe neben jedes Nomen die Verkleinerungsform mit dem Wortbaustein -chen auf.

das Lied – das Liedchen

die Tür – ......

das Pferd – ......

das Herz – ......

das Hemd – ......

der Bär – ......

das Kind – ......

das Kleid – ......

Tipp

Manchmal verändert sich das Nomen in der Verkleinerungsform ein bisschen:
die Karte → das Kärtchen

4. Schreibe diese Nomen in der Verkleinerungsform mit -chen auf.

Stuhl	Nase	Blatt	Maus	Platz
Mantel	Socke	Kuss	Kerze	Tüte
Pflanze	Mütze	Fluss	Haus	Ente

Stühlchen, ...

......

......

......

......

Verben mit Vorsilben

Regel

Viele Verben lassen sich mit Vorsilben zusammensetzen.
Dabei verändert sich ihre Bedeutung:
suchen → versuchen

1. **Welche Vorsilbe passt zum Verb? Ziehe eine Linie.**

Ich habe es sehr eilig, kannst du mich | aus- / los- / vor- | lassen?

Du sprichst so leise, ich kann dich nicht | ver- / an- / be- | stehen!

Ich werde dir etwas | wider- / aus- / ver- | sprechen.

2. **Schreibe nun die vollständigen Sätze auf.**

....

....

....

3. **Welches Verb passt jeweils zur Vorsilbe? Kreuze es an.**

zer-	☐ weinen	☐ lachen	☒ brechen
ab-	☐ mögen	☐ fahren	☐ schlafen
aus-	☐ lachen	☐ liegen	☐ lieben
vor-	☐ rühren	☐ nehmen	☐ antworten
be-	☐ üben	☐ schlafen	☐ kommen
ein-	☐ schlafen	☐ trinken	☐ schweigen

4. **Schreibe die zusammengesetzten Verben auf.**

zerbrechen, ...

....

5. **Zwei Vorsilben passen nicht zum Verb stellen. Streiche sie durch.**

6. **Bilde mit den übrigen Vorsilben Verben und schreibe sie auf.**

bestellen, ...

....

....

Die Vorsilben ver-/Ver- und vor-/Vor-

Regel

Die **Vorsilbe** ver-/Ver- wird immer mit **v/V** geschrieben:

ver- + stehen = verstehen

1. **Bilde Verben mit der Vorsilbe ver- und schreibe sie auf.**

~~tragen~~ salzen suchen passen bringen leihen

stecken beugen brennen brauchen dampfen blühen

vertragen,

2. **Schreibe die Nomen mit Trennstrichen auf.**

Verbeugung Vergleich Verlust

Verschluss Verstärkung

Verkauf Versammlung Verband

Versicherung Verstand

Ver-beu-gung,

Regel

Die **Vorsilbe** vor-/Vor- wird immer mit **v/V** geschrieben:

vor- + bei = vorbei

3. Markiere bei diesen Wörtern die Vorsilbe vor-/Vor-.

vorlesen vorher vortragen

vorbereiten vorstellen Vorteil vorgestern

Vorwurf vorsingen vortäuschen

4. Schreibe die Wörter mit Trennstrichen auf.

5. Die farbigen Wörter sind vertauscht worden. Schreibe jeden Satz mit dem passenden Wort auf.

Unsere **Vorsicht** war eine Suppe.

In unserem **Vormittag** blühen Blumen.

Am **Vorgarten** bin ich in der Schule.

Im Straßenverkehr ist **Vorspeise** wichtig.

Wortfamilien

Regel
Wörter einer Wortfamilie haben den gleichen Wortstamm:
Zur Wortfamilie mit dem Wortstamm SAMMEL gehören zum Beispiel
sammeln, gesammelt, die Sammelei.

1. **Immer vier Wörter gehören zu einer Wortfamilie.**
Wähle fünf Farben aus und male die Kästchen einer Wortfamilie in derselben Farbe aus.

hoffen	fehlen	meckern	knallen	scherzen
Fehler	gehofft	Knallerei	Hoffnung	meckerte
hoffe	gefehlt	scherzhaft	Knall	fehlte
Scherz	Gemecker	geknallt	gescherzt	Meckerei

2. **Schreibe die vier Wörter einer Wortfamilie in eine Zeile.**

hoffen, ……………………………………

fehlen, ……………………………………

……………………………………

……………………………………

……………………………………

3. **Markiere in jedem Wort in Aufgabe 2 den Wortstamm.**

4. **Schreibe zu jedem Wort zwei weitere aus der Wortfamilie.**

schützen, ……………………………………

packen, ……………………………………

weinen, ……………………………………

Regel

Der Wortstamm kann sich manchmal ein bisschen verändern:

samm~~e~~ln – die Sammlung

Schwierige Stellen im Wortstamm bleiben oft erhalten.
Merke sie dir für alle Wörter einer Wortfamilie:

RENN – rennen, Rennerei, renne, gerannt

5. **Hier gibt es fünf Wortfamilien, jede hat vier Wörter.**
Schreibe jede Familie in eine Zeile.
Unterstreiche bei allen Wörtern den Wortstamm.

~~müssen~~	~~wollen~~	schmecken	Geschmack	Willen
wählen	muss	geben	gibt	Wahl
Wähler	gemusst	will	gab	geschmeckt
schmackhaft	Gabe	musste	wählte	gewollt

Familie 1: müssen, ...

Familie 2: wollen, ...

Familie 3: ....

Familie 4: ....

Familie 5: ....

6. **In jedem Beutel steckt ein Wort, das nicht zur Wortfamilie gehört.**
Streiche es durch.

Aufeinandertreffen gleicher Buchstaben

Regel

Beim Zusammensetzen von Vorsilbe und Verb treffen manchmal zwei gleiche Buchstaben aufeinander:

ver- + rechnen = verrechnen

Beim Schreiben darfst du keinen der beiden Buchstaben vergessen.
Prüfe so: Sprich die Silben rhythmisch und klatsche.
Dann hörst du beide Buchstaben.

1. **Setze Vorsilbe und Verb so zusammen, dass zwei gleiche Buchstaben aufeinandertreffen.**

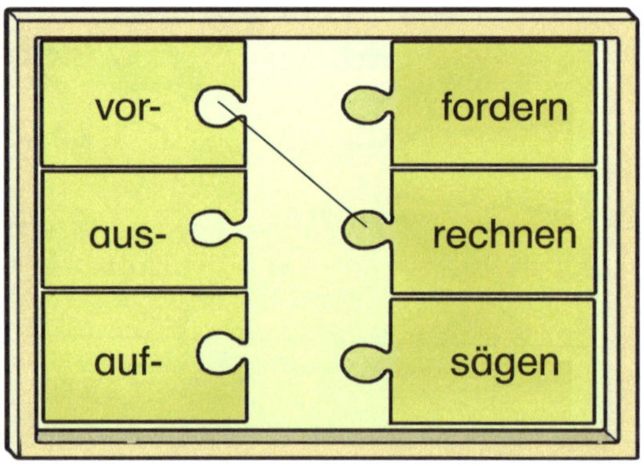

vorrechnen

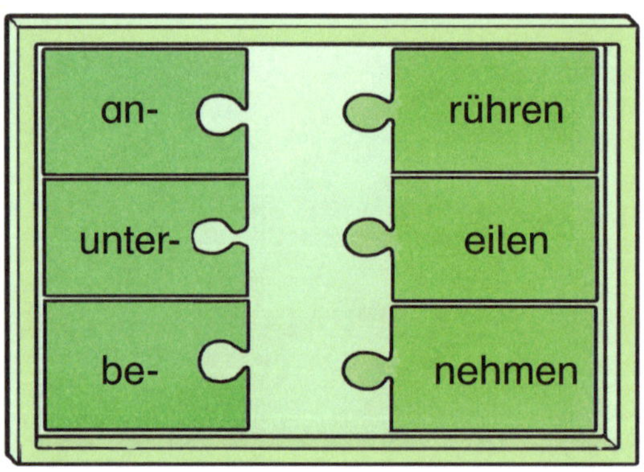

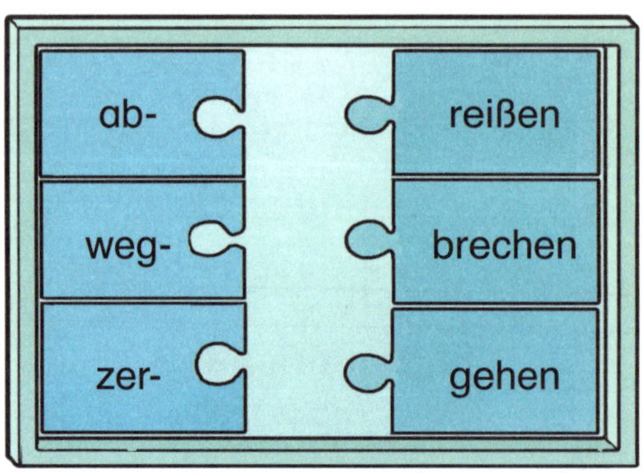

2. **Schreibe die zusammengesetzten Verben mit Trennstrichen auf.**

vor-rech-nen, ...

....

....

Tipp

Auch bei zusammengesetzten Wörtern treffen manchmal zwei gleiche Buchstaben aufeinander:

der Sport + die Tasche = die Sporttasche

Beim Schreiben darfst du keinen der beiden Buchstaben vergessen.
Prüfe so: Sprich die Silben rhythmisch und klatsche.
Dann hörst du beide Buchstaben.

3. **Schreibe die zusammengesetzten Nomen auf.**

der Brief + der Freund = der Brieffreund

das Telefon + die Nummer = die ....

das Stroh + der Halm = der ....

das Ohr + der Ring = der ....

die Ananas + der Saft = der ....

fahren + das Rad = das ....

leuchten + der Turm = der ....

4. **Schreibe mit einigen zusammengesetzten Wörtern kurze Sätze auf.**

....

....

....

....

Adjektive mit dem Wortbaustein -lich

Regel

Fast alle Adjektive mit dem Wortbaustein -lich stammen von anderen Wörtern ab:
herzlich – das Herz

Tipp zum Schreiben:
Sprich das Adjektiv mit -lich in einer **verlängerten Form**. Dann kannst du hören, dass es am Wortende mit -ch geschrieben wird: **herzlicher**.

1. Schreibe die Adjektive neben die passenden Nomen.

freundlich	ehrlich	gründlich	lieblich	friedlich
glücklich	herzlich	ängstlich	schrecklich	gefährlich

Freund – freundlich ....

Herz – ....

Angst – ....

Frieden – ....

Grund – ....

Glück – ....

Schreck – ....

Ehre – ....

Gefahr – ....

Liebe – ....

2. Schreibe die Adjektive in der verlängerten Form auf.

freundlicher, ...

....

....

....

Tipp

Wenn man ein verlängertes Adjektiv mit dem Wortbaustein -lich trennen will, wird ein Trennstrich im Wortbaustein -lich eingefügt:
freund-li-che, freund-li-chen, freund-li-ches

3. **Schreibe die Adjektive von Aufgabe 2 mit Trennstrichen auf.**

4. **Verwandle diese Nomen mit dem Wortbaustein -lich in Adjektive.**

Abenteuer **Sport** **Ärger** **Absicht** **Unglück** **Herz** **Feier** **Schrift**

abenteuerlich,

5. **Denke dir zu einigen Adjektiven von Aufgabe 4 Nomen aus und schreibe sie wie im Beispiel auf.**

der abenteuerliche Ausflug,

Adjektive mit dem Wortbaustein -ig

Regel
Fast alle Adjektive mit dem Wortbaustein -ig stammen von anderen Wörtern ab:
eifersüchtig – die Eifersucht

Tipp zum Schreiben:
Sprich das Adjektiv mit -ig in einer **verlängerten Form**.
Dann kannst du hören, dass es am Wortende mit -g geschrieben wird: **eifersüchtiger**.

1. Schreibe die Adjektive neben die passenden Nomen.

saftig eisig fleißig kräftig
steinig neugierig blutig schmutzig
windig riesig hungrig sonnig

Saft – saftig .... Stein – ....
Blut – .... Wind – ....
Fleiß – .... Kraft – ....
Neugier – .... Riese – ....
Hunger – .... Eis – ....
Sonne – .... Schmutz – ....

2. Schreibe die Adjektive in einer verlängerten Form auf.

saftiger, ...

....

....

....

....

3. **Schreibe die Adjektive von Aufgabe 2 wie im Beispiel mit Trennstrichen auf.**

saf-ti-ger, ...

....

....

....

4. **Verwandle diese Nomen mit dem Wortbaustein -ig in Adjektive.**

Gelenk	**Lust**	**Witz**	**Gift**	**Trotz**	**Vorsicht**
Mut	**Sand**	**Geduld**	**Mitleid**	**Dreck**	**Durst**

gelenkig, ...

....

....

....

5. **Denke dir zu einigen Adjektiven von Aufgabe 4 Nomen aus und schreibe sie wie im Beispiel auf.**

die gelenkige Turnerin, ...

....

....

....

3. Test

Bist du fit?

1. Was ist richtig? Kreuze an. Zwei Lösungen stimmen. /2

☐ Der Wortbaustein **-chen** wird bei Verben benutzt.

☐ Der Wortbaustein **-chen** wird bei Nomen benutzt.

☐ Mit dem Wortbaustein **-chen** bildet man die Vergrößerungsform.

☐ Mit dem Wortbaustein **-chen** bildet man die Verkleinerungsform.

2. Schreibe diese Nomen in der Verkleinerungsform mit -chen auf. Schreibe auch den richtigen Artikel dazu. /4

Tisch – .... Rock – ....

Löffel – .... Nuss – ....

3. Was ist richtig? Kreuze an. Zwei Lösungen stimmen. /2

☐ Jedes Verb hat eine Vorsilbe.

☐ Manche Verben haben eine Vorsilbe.

☐ Vorsilben verändern die Bedeutung eines Verbs.

☐ Jede Vorsilbe passt zu jedem Verb.

4. Welches Verb passt zur Vorsilbe? Schreibe die richtig zusammengesetzten Verben auf. /2

auf- schlafen lassen ....

weg- nehmen kosten ....

5. Welche der Vorsilben passen zum Verb? Schreibe alle richtig zusammengesetzten Verben auf. /5

zer- ab- auf-

an- zu- aus-

geben

....

....

6. Was ist richtig? Kreuze an. Zwei Lösungen stimmen. /2

- ☐ Die Vorsilbe **ver-/Ver-** wird manchmal mit **v/V** geschrieben.
- ☐ Die Vorsilbe **ver-/Ver-** wird nur bei Verben verwendet.
- ☐ Die Vorsilbe **ver-/Ver-** wird immer mit **v/V** geschrieben.
- ☐ Die Vorsilbe **ver-/Ver-** wird bei Nomen und Verben verwendet.

7. Schreibe zwei Wörter mit der Vorsilbe ver-/Ver- auf. /2

....

8. Was ist richtig? Kreuze an. Zwei Lösungen stimmen. /2

- ☐ Die Vorsilbe **vor-/Vor-** wird immer mit **v/V** geschrieben.
- ☐ Die Vorsilbe **vor-/Vor-** wird bei Nomen und Verben verwendet.
- ☐ Die Vorsilbe **vor-/Vor-** wird manchmal mit **v/V** geschrieben.
- ☐ Die Vorsilbe **vor-/Vor-** wird nur bei Nomen verwendet.

9. Schreibe zwei Wörter mit der Vorsilbe vor-/Vor- auf. /2

....

10. Welches der Wörter hat eine Vorsilbe? Kreuze an. /4

☐ vertragen	☐ Vers	☐ vorbei
☐ voll	☐ Vorteil	☐ Verkauf

11. Was ist richtig? Kreuze an. Zwei Lösungen stimmen. /2

- ☐ Wörter einer Wortfamilie werden immer alle großgeschrieben.
- ☐ Wörter einer Wortfamilie haben einen gleichen oder einen ähnlichen Wortstamm.
- ☐ Schwierige Stellen in einem Wortstamm bleiben fast immer erhalten.
- ☐ Zu jeder Wortfamilie gehören vier Wörter.

12. **Schreibe zu jedem Wort zwei weitere Wörter aus der Wortfamilie auf.** /8

lecken, ...

tragen, ...

kratzen, ...

bellen, ...

13. **In jeder Reihe gehört ein Wort nicht zur Wortfamilie. Streiche es durch.** /4

Wortstamm	Wortfamilie?
TANZ	Tanz – getanzt – Tatze – tanzte
WEIN	geweint – weil – weinte – weinen
LAUF	läuft – gelaufen – Läufer – Laune
LECK	lecker – Lack – Leckerei – geleckt

14. **Was ist richtig? Kreuze an. Eine Lösung stimmt.** /1

- ☐ Wenn bei einem zusammengesetzten Wort zwei gleiche Buchstaben aufeinandertreffen, muss man nur einen schreiben.
- ☐ Wenn bei einem zusammengesetzten Wort zwei gleiche Buchstaben aufeinandertreffen, muss man auch beide Buchstaben schreiben. Man hört sie, wenn man das Wort laut spricht.

15. **Schreibe die zusammengesetzten Nomen auf.** /4

der Träger + der Rock = der ....

das Obst + die Torte = die ....

die Wespen + das Nest = das ....

der Auflauf + die Form = die ....

16. Was ist richtig? Kreuze an. Zwei Lösungen stimmen. /2

- ☐ Fast alle Adjektive mit dem Wortbaustein **-lich** werden großgeschrieben.
- ☐ Fast alle Adjektive mit dem Wortbaustein **-lich** stammen von anderen Wörtern ab.
- ☐ Wenn man die Adjektive deutlich ausspricht, kann man hören, ob sie am Wortende mit **-ch** geschrieben werden.
- ☐ Wenn man die Adjektive verlängert, kann man hören, dass sie am Wortende mit **-ch** geschrieben werden.

17. Schreibe zwei Adjektive mit dem Wortbaustein -lich auf. /2

....

....

18. Was ist richtig? Kreuze an. Zwei Lösungen stimmen. /2

- ☐ Fast alle Adjektive mit dem Wortbaustein **-ig** stammen von anderen Wörtern ab.
- ☐ Wenn man die Adjektive deutlich ausspricht, kann man hören, ob sie am Wortende mit **-g** geschrieben werden.
- ☐ Wenn man die Adjektive verlängert, kann man hören, dass sie am Wortende mit **-g** geschrieben werden.
- ☐ Adjektive mit dem Wortbaustein **-ig** kann man nicht falsch schreiben.

19. Schreibe zwei Adjektive mit dem Wortbaustein -ig auf. /2

....

....

Dein Testergebnis

/54

Wörter mit ih und Wörter mit langem i

Regel

In einigen wenigen Wörtern wird das lange **i** mit ih geschrieben:

ihm, ihn, ihr

Du musst sie dir **merken**.

Die Römer versuchten stets, ihr Reich zu vergrößern. Es gelang ihnen vor ungefähr 2000 Jahren, weite Teile des heutigen Deutschlands zu erobern. Noch heute findet man ihre Spuren, zum Beispiel in unserer Sprache. Eine ihrer bekanntesten Bauten ist die Porta Nigra in Trier. Porta Nigra bedeutet wörtlich übersetzt: schwarzes Tor.

1. **Unterstreiche im Text alle Wörter mit ih, die du findest.**

2. **Schreibe die Wörter mit ih aus dem Text auf.**

....

3. **Trage die Wörter in die Wortbilder ein.**

ihm **ihren** **ihn** **ihnen** **ihr** **ihre**

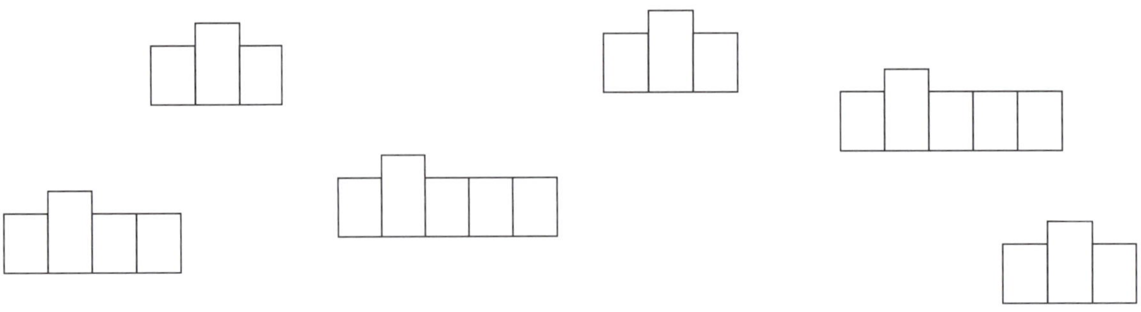

Regel

In einigen Wörtern wird das lange **i** nur mit i geschrieben:
mir, Krokodil, Vitamin.
Du musst sie dir **merken**.

4. Sortiere die Wörter und schreibe sie auf.

Delfin wir Rosine
dir Tiger Mandarine
Biber Igel mir
Apfelsine Nektarine Margarine

4 Tiere: ....

5 Lebensmittel: ....

3 Pronomen: ....

5. Setze die Pronomen von Aufgabe 4 in die Lücken ein.

Diese Wörter werde ich .... gut merken.

Das können .... schon ganz gut.

Soll ich es .... einmal erklären?

6. Schreibe die Sätze ab.

....

....

....

Wörter mit y und Wörter mit s

Regel

Wörter, die mit **y** geschrieben werden, muss man sich merken.
Am Wortende klingt das **y** wie i : **Hobby**.
Innerhalb eines Wortes klingt das **y** wie ü : **Pyramide**.
Wenige Wörter beginnen mit **y**, dann klingt es meist wie j : **Yoga**.

1. Welches Wort passt zu einem Bild? Verbinde mit einem Strich.

Pyramide	Baby	Teddy	typisch	Pony
Zylinder	Dynamo	Gymnastik	Hobby	Hyäne

2. Sortiere die Wörter und schreibe sie auf.

Wörter mit y am Wortende: ....

....

Wörter mit y innerhalb des Wortes: ....

....

3. Welches Wort mit y passt? Setze ein.

Wenn jemand etwas immer wieder tut,

dann ist das .... für ihn.

Mit dem .... wird Strom erzeugt,

zum Beispiel für das Fahrradlicht.

Im Sportunterricht macht man ....

Regel

Manche Wörter mit **s** lassen sich nicht ableiten: **bis, die Hast**
Solche Wörter musst du dir **merken**.

Wörter, in denen man das s ableiten kann, findest du auf Seite 34 und 35.

4. Ordne die Wörter nach der Anzahl ihrer Buchstaben.

fast mindestens los meistens bis uns wenigstens
etwas besonders nichts gestern aus sonst niemals

Wörter mit 3 Buchstaben: ....

Wort mit 4 Buchstaben: ....

Wörter mit 5 Buchstaben: ....

Wort mit 6 Buchstaben: ....

Wörter mit 7 Buchstaben: ....

Wort mit 8 Buchstaben: ....

Wort mit 9 Buchstaben: ....

Wörter mit 10 Buchstaben: ....

5. Setze passende Wörter mit s in die Sätze ein.

Clara und Sarah fragen: „Gebt ihr .... ab?“

Wenn heute Mittwoch ist, dann war .... Dienstag.

Ich esse, ... ich satt bin.

Ich mag Weitsprung, denn das kann ich ganz .... gut.

Wörter mit eu/Eu und Wörter mit x

Regel

Wörter mit **eu** lassen sich nicht von einem anderen Wort ableiten: **heute**.
Du musst sie dir **merken**.

1. In den Wörtern mit eu sind vier Reimpaare enthalten. Schreibe sie auf.

seufzen	scheu	deutsch	neu	Leute
feucht	heute	neun	freuen	Feuer
Freund	Eulen	Euro	teuer	heulen

....

....

2. Schreibe die sieben übrigen eu-Wörter auf.

....

....

3. Lies die Sätze und markiere alle eu-Wörter.

Mein Freund hat neun heulende Eulen.

Die scheuen Leute seufzen heute.

4. Schreibe die Sätze ab.

....

....

Regel

Ob ein Wort mit **x** oder mit **chs** geschrieben wird, kann man nicht hören:

Max – Wachs

Wörter mit **x** musst du dir merken.

5. Schreibe die Wörter geordnet nach der Anzahl ihrer Silben auf.

Hexe	**Axt**	**boxen**	**Nixe**	**mixen**
Taxi	**extra**	**Praxis**	**fix**	**Lexikon**

Wörter mit 1 Silbe: ....

Wörter mit 2 Silben: ....

....

Wort mit 3 Silben: ....

6. Löse das Kreuzworträtsel. Es passen nur Wörter von Aufgabe 5.

Werkzeug →	☐	☐	T			
Hier arbeitet ein Arzt →	☐	☐	A	☐	☐	☐
Kampfsport →	☐	☐	X	☐	☐	
Wesen mit Fischschwanz →		☐	I	☐	☐	

7. Schreibe einen Satz auf, in dem mehrere x-Wörter vorkommen. Der Satz kann auch witzig sein.

....

Wörter mit v/V

Regel
Wörter, die mit **v/V** geschrieben werden, muss man sich merken.
Manchmal wird **v/V** wie f ausgesprochen: **Vater**.
Manchmal wird **v/V** wie w ausgesprochen: **Video**.

1. **Lies die Wörter und schreibe die passenden Wörter unter die Bilder.**

vor	vier	von	Vogel	Vase	Vater
brav	voll	vom	November	Pullover	viel
vielleicht	Video	Klavier	nervös	Serviette	Vers

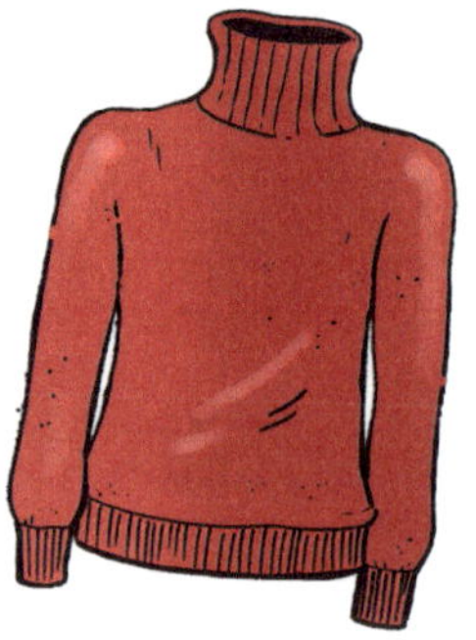

....

2. **Markiere alle Wörter mit v/V: rot, wenn sie wie ein w klingen, blau, wenn sie wie ein f klingen.**

3. **Schreibe alle Wörter mit v/V geordnet auf.**

Wörter, in denen das v/V wie w klingt: ....

....

....

Wörter, in denen das v/V wie f klingt: ....

....

....

4. **Schreibe neben jedes Wort das passende Reimwort mit v/V.**

Papier – Klavier

toll – ....

Rodeo – ....

Spiel – ....

Marionette – ....

Hase – ....

Tor – ....

Kater – ....

Dezember – ....

hier – ....

5. **Schreibe mit einigen v/V-Wörtern kurze Sätze auf.**

....

....

....

....

....

Wörter mit pf/Pf

Tipp

Wörter mit **pf/Pf** sprechen wir nicht immer deutlich aus: **Pferd, schimpfen**
Pass beim Schreiben besonders auf und **merke** dir die Wörter mit **pf/Pf**.

1. **Lies dir die Wörter durch und sprich sie deutlich aus. Verbinde die passenden Wörter mit den Bildern.**

Pferd	Pfanne	Kampf	Pfirsich	Krampf
schimpfen	Pflaster	impfen	Pfote	Pflanze
Strümpfe	dampfen	stampfen	pfeifen	pflegen

2. **Schreibe die Wörter geordnet auf.**

Wörter mit pf/Pf am Wortanfang: ....

....

....

Wörter mit pf innerhalb des Wortes: ....

....

Wörter mit pf am Wortende: ....

....

....

3. **In den pf/Pf-Wörtern sind drei Reimpaare enthalten. Schreibe sie auf.**

....

....

4. Schreibe die pf/Pf-Wörter aus Aufgabe 1 neben die passenden Wörter aus der Wortfamilie.

Pferde – Pferd

gestampft – ....

kämpfen – ....

Pfeife – ....

verpflastern – ....

verkrampft – ....

Pfannendeckel – ....

pflanzen – ....

Pflege – ....

Dampf – ....

Strumpf – ....

Pfirsichbaum – ....

Geschimpfe – ....

Impfung – ....

Pfötchen – ....

5. Suche im Wörterbuch noch je drei weitere Wörter mit pf/Pf am Wortanfang und schreibe sie auf.

Wörter mit pf: ....

....

Wörter mit Pf: ....

....

Wörter mit qu/Qu

Regel
In einem **qu/Qu** hört man einen k-Laut und einen w-Laut: **Quelle, quer**
Man schreibt aber nur **qu/Qu**.

1. Ordne die Wörter nach der Anzahl ihrer Buchstaben.

quaken	quälen	Qualität	Qualle	Quark
Quartett	quasseln	Quelle	quetschen	quieken
quietschen	Quiz	Kaulquappe	Quittung	

Wort mit 4 Buchstaben: ....

Wort mit 5 Buchstaben: ....

Wörter mit 6 Buchstaben: ....

....

Wort mit 7 Buchstaben: ....

Wörter mit 8 Buchstaben: ....

....

Wort mit 9 Buchstaben: ....

Wörter mit 10 Buchstaben: ....

2. **Schreibe jeweils die beiden Wörter derselben Wortfamilie zusammen auf.**

Quadrat	Bequemlichkeit	quadratisch	Gequengel
quer	Qualm	quatschen	Quere
bequem	qualmen	quengeln	Quatsch

Quadrat – quadratisch,

3. **Welche qu/Qu-Wörter passen? Schreibe sie auf.**

.... ist ein Milchprodukt.

Ein .... ist ein Spiel mit Fragen und Antworten.

Eine .... entwickelt sich zu einem Frosch.

Eine .... ist ein Meereslebewesen.

Ein .... hat vier gleich lange Seiten.

.... entsteht, wenn es brennt.

Eine .... bekommt man, wenn man etwas kauft.

Schweine ....

Frösche ....

4. **Schreibe zwei Sätze auf, in denen Wörter mit qu/Qu vorkommen.**

4. Test

Bist du fit?

1. Schreibe zwei Wörter mit ih auf. /2

....

2. Schreibe die Wörter zu den Bildern auf. /3

....

3. Schreibe drei Wörter auf, die ein y enthalten. /3

....

4. Schreibe passende Wörter in die Lücken. /3

Pit und Raoul fragen: „Habt ihr Lust, mit .... zu spielen?“

Wenn die Bahn hält, steigen Leute ein und ....

Die Sportlehrerin ruft: „Auf die Plätze, fertig, ... !“

5. Schreibe zu den Wörtern ein Reimwort mit eu auf. /4

scheu – .... Feuer – ....

Leute – .... Eulen – ....

6. Schreibe die Wörter zu den Bildern auf. /3

....

7. **Was ist richtig? Kreuze an. Zwei Lösungen stimmen.** /2

☐ Den Buchstaben **v/V** kann man wie f aussprechen.

☐ Den Buchstaben **v/V** kann man wie pf aussprechen.

☐ Den Buchstaben **v/V** kann man wie y aussprechen.

☐ Den Buchstaben **v/V** kann man wie w aussprechen.

8. **Schreibe drei Wörter mit v/V auf.** /3

....

9. **Schreibe die Wörter zu den Bildern auf.** /3

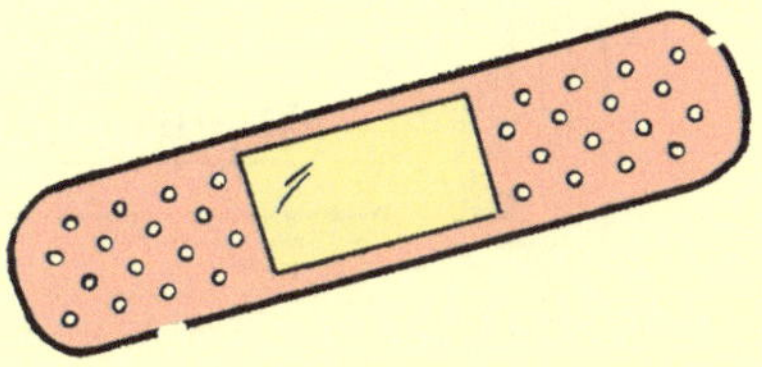

....

10. **Was ist richtig? Kreuze an. Eine Lösung stimmt.** /1

☐ Der Buchstabe **qu/Qu** klingt wie u .

☐ Der Buchstabe **qu/Qu** klingt wie kw .

☐ Der Buchstabe **qu/Qu** klingt wie ku .

11. **Schreibe drei Wörter mit qu/Qu auf.** /3

....

Dein Testergebnis /30

Großschreiben: Satzanfänge und Nomen

ALLE TIERE, DIE OBEN ABGEBILDET SIND, SIND INSEKTEN. MANCHMAL WERDEN AUCH SPINNEN, WÜRMER ODER KLEINE KREBSE FÜR INSEKTEN GEHALTEN. INSEKTEN HABEN JEDOCH IMMER SECHS BEINE. DARUM KANN EINE SPINNE GAR KEIN INSEKT SEIN, DENN SPINNEN HABEN ACHT BEINE. WARUM EIN REGENWURM KEIN INSEKT IST, IST NUN KLAR, ODER?

Regel

Satzanfänge und **Nomen** werden **großgeschrieben**.

Viele Nomen sind Namen

- für Lebewesen, also Pflanzen, Tiere und Menschen:
  die Blume, der Käfer, das Kind
- für Dinge, auf die man zeigen, die man sehen oder die man anfassen kann:
  die Sonne, der Nebel, das Ohr

1. **Lies den Text oben und unterstreiche alle 14 Nomen.
Umkreise die Satzanfänge.**

2. **Schreibe den Text von Aufgabe 1 richtig ab. Achte darauf, Satzanfänge und Nomen großzuschreiben.**

Alle Tiere, ...

....

....

....

....

....

3. **Schreibe diese Nomen geordnet auf.**

Rose	**Sand**	**Raupe**	**Kind**	**Fenster**	**Nest**
Apfelbaum	**Stock**	**Forscher**	**Papier**	**Lineal**	**Wespe**

Nomen, die Lebewesen bezeichnen: ....

....

Nomen, die Dinge bezeichnen: ....

....

4. **Welche dieser Wörter sind Nomen? Kreuze sie an und schreibe sie in richtiger Schreibweise ab.**

☐ **WASSER**	☐ **KRABBELN**	☐ **KLEIN**	☐ **FLÜGEL**	☐ **LAUS**
☐ **SCHNELL**	☐ **MÄDCHEN**	☐ **BRAUN**	☐ **AUGEN**	☐ **KRIECHEN**
☐ **LEHRERIN**	☐ **HÖREN**	☐ **FÜHLER**	☐ **LANGSAM**	☐ **GRAS**

....

....

....

....

Begleiter als Signal

Die Knochen des Menschen bilden ein Skelett. Das Skelett liegt innerhalb des Körpers, unter der Haut und den Muskeln. Die Insekten haben keine Knochen, sondern einen Außenpanzer. Die Haut und die Muskeln liegen unter dem Panzer. Solche Außenpanzer können nicht wie die Menschenhaut mitwachsen. Ein Panzer muss komplett erneuert werden, wenn er zu klein geworden ist.

1. Markiere im Text alle 16 Nomen grün.
Du erkennst sie auch an der Großschreibung.

Regel

Nomen erkennst du oft an Wörtern, die sie begleiten.
Häufig ist dies ein **Artikel**: **der, die, das, ein, eine**

Auch einige andere Wörter können Nomen begleiten:
diese, meine, keine, solche

2. Lies die Regel. Markiere die 14 Artikel vor den Nomen rot und die beiden anderen begleitenden Wörter vor den Nomen gelb.

3. **Schreibe die Nomen aus dem Text mit ihren Begleitern auf.**

die Knochen, ...

....

....

....

....

Tipp

Im Satz können auch Artikel wie **dem, den** oder **einen, eines** vorkommen.

4. **Setze diese Artikel passend in die Lücken ein.**

~~die~~ das die einen der des ein den

Heute sind die Kinder .... Klasse 3d aufgeregt,

denn sie gehen in .... Insektarium .... Zoos. Dort werden sie

sich vor allem .... Abteilung mit .... Käfern ansehen.

Iram möchte vor allem endlich einmal .... Außenpanzer sehen,

den .... Käfer abgeworfen hat.

5. **Suche dir zwei Kärtchen aus und schreibe zwei Sätze mit den Wörtern.**

keine Lust

mein Freund

solches Wetter

diese Tasche

....

....

Begleiter – Adjektiv – Nomen

Regel

Zwischen Begleiter und Nomen steht manchmal auch ein Adjektiv:

ein interessantes **Insekt**

Der Begleiter in dieser Wortgruppe bezieht sich trotzdem auf das Nomen, und nur das Nomen wird großgeschrieben.

1. Markiere in den Wortgruppen die Begleiter und die Nomen.

DER GRÜNE KÄFER – der grüne K ....

EINE DICKE HUMMEL – ....

EIN KLEINER SCHMETTERLING – ....

DIESE BUNTE LIBELLE – ....

DIE SELTENE HORNISSE – ....

DER BRAUNE NACHTFALTER – ....

2. Schreibe die Wortgruppen in richtiger Schreibweise auf die Schreiblinien.

3. Denke dir zu den Nomen passende Adjektive aus und schreibe die Wortgruppen auf.

das ? ... Buch — mein ? ... Bruder — ein ? ... Tag

das ? ... Frühstück — eine ? ... Hose — der ? ... Computer

....

....

....

....

....

....

Raupe

Schmetterling

Bei vielen Tierarten sehen sich DIE ERWACHSENEN TIERE und die Tierkinder sehr ähnlich. EIN KLEINES FOHLEN sieht schon bei der Geburt aus wie EIN ECHTES PFERD. Bei DEN MEISTEN INSEKTEN ist das ganz anders. DIE JUNGEN INSEKTEN sehen DEN EIGENEN ELTERN oft gar nicht ähnlich. So ist das auch bei Raupen und DEN FERTIGEN SCHMETTERLINGEN.

4. **Markiere in den Wortgruppen, die aus Großbuchstaben bestehen, die Nomen grün und die Artikel rot.**

5. **Schreibe einige Sätze des Textes in normaler Schreibweise ab.**

....

....

....

....

....

....

....

....

....

Besondere Nomen

Regel

Manche Nomen sind Wörter für Dinge, auf die man nicht zeigen kann, die man nicht sehen kann und die man nicht anfassen kann.
Dazu gehören auch die **Nomen für Gefühle**:
der Spaß, der Neid

1. **Lies dir diese Nomen für Gefühle erst einmal durch.**

die Scham	die Freude	die Trauer	die Angst	der Geiz
der Hunger	der Zorn	der Stolz	der Neid	der Ärger
der Durst	das Glück	die Eifersucht	die Neugier	die Furcht
der Mut	der Trotz	die Geduld	der Hass	die Wut

2. **Kreise alle Gefühle ein, die du magst.**

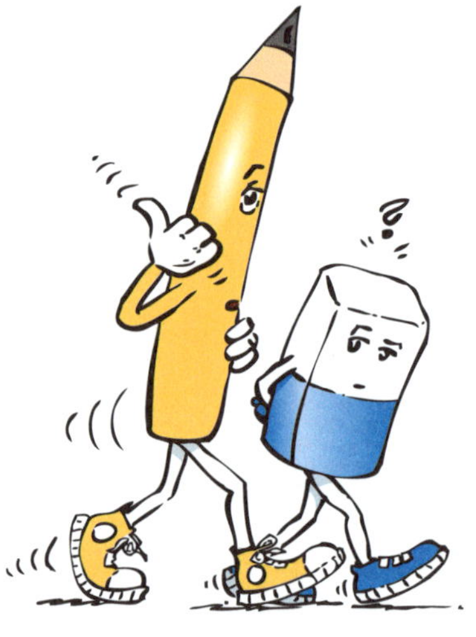

Es gibt wohl mehr Wörter für Gefühle, die ich nicht mag, als für Gefühle, die ich mag!

3. **Schreibe die Nomen von Aufgabe 1 ohne Artikel ab.**

Scham, ……………………………………………………………

……………………………………………………………

……………………………………………………………

……………………………………………………………

……………………………………………………………

4. **Welches Nomen passt?**
Schreibe jeden Satz mit dem passenden Nomen auf.

Wut oder Neid?
Wenn mich jemand ärgert, steigt ? in mir hoch.

Durst oder Hunger?
Wenn ich ? habe, dann esse ich.

Angst oder Trauer?
Manche Menschen haben ? vor Spinnen.

Trotz oder Stolz?
Wenn ich etwas toll gemacht habe, empfinde ich ?.

Neid oder Neugier?
? fühle ich, wenn ich etwas wissen will.

Mut oder Freude?
Sich etwas ganz Schwieriges zu trauen, das braucht viel ?.

Glück oder Unglück?
Nette Freunde zu haben, ist ein großes ?.

Zusammengesetzte Nomen

Regel

Nomen kann man zusammensetzen:

die Laus + das Blatt = die Blattlaus

Der hintere Teil eines zusammengesetzten Nomens ist das **Grundwort**.
Eine Blattlaus ist also vor allem eine Laus.

Der Artikel richtet sich nach dem Grundwort,
es heißt also: **die Blattlaus**, und nicht: das Blattlaus.
Der erste Teil des zusammengesetzten Nomens ist das **Bestimmungswort**.
Eine Blattlaus ist also eine besondere Laus, die auf Blättern lebt.

1. Lies die Regel genau und sorgfältig, gern auch mehrmals.

2. Unterstreiche in den zusammengesetzten Nomen das Grundwort.

die Insekten + das Ei = ... Insektenei

die Kartoffel + der Käfer = ... Kartoffelkäfer

das Kreuz + die Spinne = ... Kreuzspinne

die Ameise + der Hügel = ... Ameisenhügel

3. Ergänze in Aufgabe 2 die fehlenden Artikel.

4. Bilde zusammengesetzte Nomen und schreibe sie mit Artikel auf.

die Insekten + der Forscher = ...

der Honig + die Biene = ...

der Regen + der Wurm = ...

die Wespe + das Nest = ...

die Zitrone + der Falter = ...

5. **Schreibe die zusammengesetzten Nomen auf.**

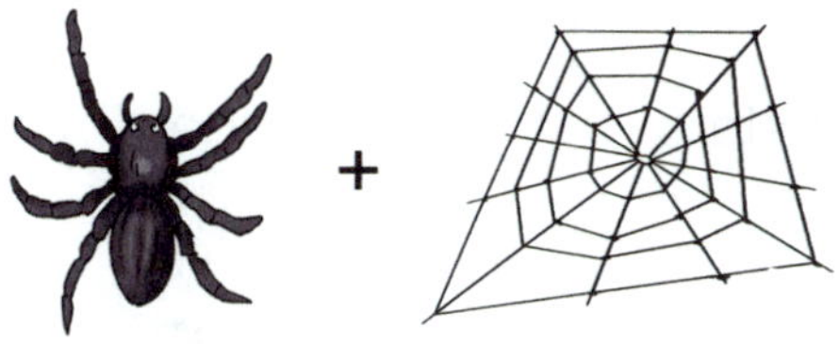

....

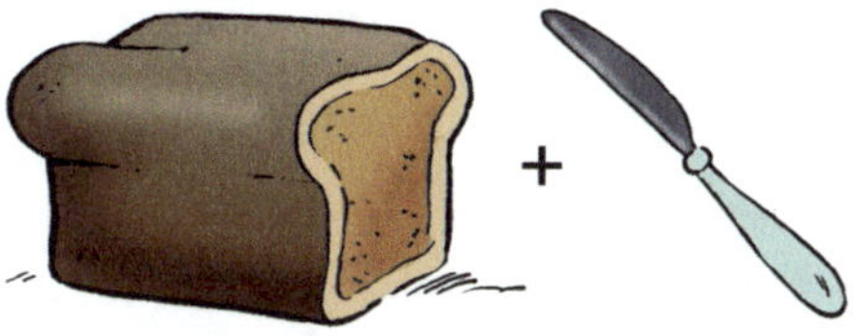

....

....

....

6. **Welche zusammengesetzten Wörter von dieser Doppelseite passen? Setze ein.**

Der .... ist so gelb wie eine Zitrone.

Der .... kommt bei Regen aus dem Boden.

Mit einem .... kann man gut Brot schneiden.

Ein .... schützt vor dem Regen.

Der .... lebt auf Kartoffelpflanzen.

7. **Schreibe die Sätze von Aufgabe 6 ab.**

....

....

....

....

....

Nomen mit Wortbausteinen

Regel

Aus vielen Adjektiven kann man mit dem Wortbaustein -heit Nomen bilden:
krank – die Krankheit

Am Wortbaustein -heit kannst du erkennen, dass das Wort ein Nomen ist und großgeschrieben werden muss.

Nomen mit -heit haben den Artikel **die**.

1. Bilde mit dem Wortbaustein -heit Nomen.

trocken – die Trockenheit
gemein – ……
schön – ……
gesund – ……
dunkel – ……
dumm – ……
klug – ……
sicher – ……
frei – ……
frech – ……
wahr – ……
stur – ……

2. Schreibe passende Nomen von Aufgabe 1 in die Lücken.

Eulen jagen in der …… .

In der Wüste herrscht eine große …… .

Wenn jemand niest, wünscht man „……!“.

3. Schreibe die Sätze ab.

……

……

……

……

Regel

Aus vielen Adjektiven kann man mit dem Wortbaustein -keit Nomen bilden:

traurig – die Traurigkeit

Am Wortbaustein -keit kannst du erkennen, dass das Wort ein Nomen ist und großgeschrieben werden muss.

Nomen mit -keit haben den Artikel **die**.

4. Bilde mit dem Wortbaustein -keit Nomen.

übel – die Übelkeit

ähnlich – ....

heiser – ....

sauber – ....

eitel – ....

gemütlich – ....

möglich – ....

tapfer – ....

wirklich – ....

flüssig – ....

5. Schreibe passende Nomen von Aufgabe 4 in die Lücken.

Wasser ist eine ....

Manche Zwillinge haben eine große ....

Mit einer .... kann man nicht gut sprechen.

Heldinnen bewundert man wegen ihrer ....

In .... sind Heldinnen aber selten.

6. Schreibe die Sätze ab.

....

....

....

....

....

Besondere Wortpaare

Regel

Es gibt Wörter, die in **Großschreibung und Kleinschreibung** vorkommen.
Das liegt daran, dass diese Wörter Nomen oder Verbformen sein können:
die **Spiele** – ich **spiele**
Im Satzzusammenhang erkennst du, welches Wort es ist.

Die Nomen schreibt man wie immer groß, die Verbformen schreibt man klein.

1. Unterstreiche in den Satzpaaren die beiden Wörter, die sich nur durch die Großschreibung unterscheiden.

Einige Spiele finde ich langweilig.

Mit meinen Freunden spiele ich gern.

Ich reise gern mit der Bahn.

Die Reise mit Oma und Opa war toll.

Diese Frage ist schwer zu beantworten.

Ich frage Papa, ob es bald Mittagessen gibt.

Da ist ja ein Riss in meiner Hose!

Bei der Wanderung riss mein Schnürband.

2. Vor jedem markierten Nomen steht ein Artikel oder ein anderer Begleiter. Kreise sie ein.

Erinnere dich: Nomen haben oft einen Begleiter. Lies noch einmal auf Seite 80 bis 81.

3. **Schreibe die Sätze von Aufgabe 1 ab.**

....

....

....

....

....

....

....

....

4. **Setze die Wörter passend ein.**
Achte auf die Groß- und Kleinschreibung.

Denke daran: Nomen erkennst du am Artikel oder an anderen Begleitern.

spiele – Spiele

Ich .... gern draußen.

Im Regal liegen meine ....

reise – Reise

Die .... hat mich müde gemacht.

Morgen .... ich mit meinem Bruder zu unserer Tante.

frage – Frage

Auf eine .... folgt eine Antwort.

Wenn ich etwas nicht verstehe, ... ich meine Lehrerin.

riss – Riss

Plötzlich kam eine starke Windbö und die Drachenschnur .... !

Der .... in deiner Jacke ist neu.

Anredewörter in Briefen

Regel

Wenn du einen Brief oder eine E-Mail schreibst, sprichst du jemanden an.

Sprichst du diese Person mit **Sie** an, werden alle Anrede-Wörter immer großgeschrieben: **Sie, Ihnen, Ihr, Ihre, Ihren**

Sprichst du diese Person mit **du** an, kannst du die Anrede-Wörter kleinschreiben: **du, dir, dich, dein, deine, euch, eure**

1. **Ergänze in diesem Brief die Anrede-Wörter in der Sie-Form.**

IHRE SIE IHNEN SIE IHRE

17.04.2012

Sehr geehrte Frau Herken,

wir haben gehört, dass .... Imkerin sind und Bienen züchten.

Wir würden .... Bienen gern einmal sehen.

Hätten .... vielleicht auch Zeit, uns einige Fragen zu beantworten?

Wir hoffen, dass wir .... dadurch nicht zu viele Umstände machen.

Mit freundlichen Grüßen

.... Klasse 3d

Die Kinder der Klasse 3d haben Frau Herken besucht und viel über Bienen und den Beruf einer Imkerin gelernt. Nun wollen sie einen Dankesbrief schreiben.

2. Schreibe einen Brief an eine Freundin oder einen Freund, in dem du vom Besuch bei Frau Herken erzählst.

(Datum) ....

Liebe/r ....

....

....

....

....

....

....

....

....

....

5. Test

Bist du fit?

1. Was ist richtig? Kreuze an. Drei Lösungen stimmen. /3

- ☐ Manche Satzanfänge schreibt man groß.
- ☐ Alle Satzanfänge schreibt man groß.
- ☐ Nomen schreibt man groß.
- ☐ Nomen können Namen für Adjektive sein.
- ☐ Nomen können Namen für Lebewesen und Dinge sein.

2. Schreibe drei Nomen auf, die Lebewesen bezeichnen. /3

....

....

3. Schreibe drei Nomen auf, die Dinge bezeichnen. /3

....

....

4. Welche dieser Wörter sind Nomen? Kreise ein. /5

TISCH SCHLAFEN BALL

NEU KIND GEHEN KORB

BLUME TIEF GEBEN

5. Was ist richtig? Kreuze an. Zwei Lösungen stimmen. /2

- ☐ Nomen erkennt man im Satz nicht.
- ☐ Nomen erkennt man im Satz oft an ihren Artikeln.
- ☐ Manchmal sind auch andere Wörter Begleiter der Nomen.

6. Schreibe fünf verschiedene Artikel auf. /5

....

7. **Was ist richtig? Kreuze an. Eine Lösung stimmt.** /1

☐ Wenn zwischen Nomen und Begleiter ein Adjektiv steht, bezieht sich der Begleiter trotzdem auf das Nomen und man schreibt das Nomen groß.

☐ Wenn zwischen Nomen und Begleiter ein Adjektiv steht, bezieht sich der Begleiter auf das Adjektiv und man schreibt das Adjektiv groß.

8. **Welches Wort in diesen Wortgruppen wird großgeschrieben? Kreise ein.** /6

DER KLEINE FLOH	DIE HUNGRIGE FLIEGE	DAS GRÜNE GRAS
DIESE FLINKE AMEISE	EIN BRAUNER FALTER	DIE BUNTE LIBELLE

9. **Was ist richtig? Kreuze an. Eine Lösung stimmt.** /1

☐ Manche Nomen sind Wörter für Gefühle.
Solche Nomen werden kleingeschrieben.

☐ Manche Nomen sind Wörter für Gefühle.
Auch solche Nomen werden großgeschrieben.

10. **Schreibe drei Gefühls-Nomen auf.** /3

....

11. Was ist richtig? Kreuze an. Zwei Lösungen stimmen. /2

- ☐ Nomen kann man nicht zusammensetzen.
- ☐ Nomen kann man zusammensetzen.
- ☐ Der Artikel richtet sich nach dem vorderen Teil eines zusammengesetzten Nomens, also dem Bestimmungswort.
- ☐ Der Artikel richtet sich nach dem hinteren Teil eines zusammengesetzten Nomens, also dem Grundwort.

12. Schreibe die zusammengesetzten Nomen auf. /3

Bilder +  = ...

 + Wurm = ...

Schnecken +  = ...

13. Was ist richtig? Kreuze an. Zwei Lösungen stimmen. /2

- ☐ Es gibt Nomen mit Wortbausteinen.
- ☐ Es gibt keine Nomen mit Wortbausteinen.
- ☐ Alle Wörter mit den Wortbausteinen -heit und -keit haben denselben Artikel, nämlich den Artikel die.
- ☐ Alle Wörter mit den Wortbausteinen -heit und -keit haben denselben Artikel, nämlich den Artikel der.

14. An welchen Wortbausteinen erkennt man, dass es sich um Nomen handelt? Markiere sie. /6

die Pünktlichkeit die Offenheit

die Heiterkeit die Geschicklichkeit

die Klugheit die Freiheit

15. **Setze die Wörter in der richtigen Schreibweise in die Lücken ein.** /2

spiele – Spiele

Ich .... gern Brennball.

Im Brennball dauert ein .... meistens zehn Minuten.

16. **Was ist richtig? Kreuze an. Zwei Lösungen stimmen.** /2

- ☐ In Briefen werden alle Wörter großgeschrieben.
- ☐ In Briefen müssen alle Anrede-Wörter kleingeschrieben werden.
- ☐ In Briefen müssen alle Anrede-Wörter großgeschrieben werden, wenn man jemanden mit Sie anspricht.
- ☐ In Briefen können die Anrede-Wörter kleingeschrieben werden, wenn man jemanden mit du anspricht.

17. **Markiere alle Wörter, die großgeschrieben werden müssen.** /10

NIEMAND IST SICHER, WIE VIELE VERSCHIEDENE INSEKTEN ES AUF DER GANZEN WELT GIBT. IMMER WIEDER WIRD VON DEN FORSCHERN EIN UNBEKANNTES INSEKT ENTDECKT. VOR ALLEM IN DEN REGENWÄLDERN UNSERER ERDE WERDEN NOCH VIELE NEUE INSEKTEN VERMUTET.

Dein Testergebnis /59

6. Satzzeichen

Der Punkt

1. **Lies den Text.**

die Klasse 3 a macht in diesem Schuljahr eine Klassenfahrt zu einem Reiterhof

die Kinder und ihre Lehrerinnen werden im Gästehaus wohnen der Reiterhof

liegt in der Nähe eines Waldes zu dem Hof gehören jede Menge Wiesen und

Weiden alle freuen sich schon sehr auf diese besonderen Tage die Kinder

werden jeden Tag reiten dürfen auch eine lange Wanderung durch den Wald

wurde geplant

Regel

Das Lesen eines Textes wird einfacher, wenn am Ende eines Satzes ein **Satzschlusszeichen** steht.

Punkt, Ausrufezeichen und Fragezeichen sind Satzschlusszeichen. Der Punkt wird am häufigsten verwendet.

Nach einem Satzschlusszeichen wird großgeschrieben.

2. **Setze im Text am Ende jedes Satzes einen Punkt. Streiche das erste Wort des neuen Satzes durch und schreibe es in Großschreibung über den Text.**

3. **Lies diesen Text Zeile für Zeile durch: Er klingt ganz schön merkwürdig!**

Auf dem Reiterhof gibt es viele Tiere auf den Weiden

stehen die Ponys in der Sattelkammer

schläft eine alte dicke Katze im Gartenteich

quaken die Frösche auf der Wiese

scharren die Hühner überall

laufen die Hunde herum im Schweinestall

gibt es schon lange keine Schweine mehr, aber Meerschweinchen!

4. **Im Text oben fehlen sechs Punkte. Wenn du am Ende jedes Satzes einen Punkt setzt, stimmen die Sätze. Streiche das erste Wort des neuen Satzes durch und schreibe es in Großschreibung über den Text.**

Auf

Auf dem Reiterhof gibt es viele Tiere. ~~auf~~ den Weiden …

5. **In den Sätzen fehlen vier Punkte. Schreibe die Sätze ab und setze am Satzende Punkte. Achte auf die Großschreibung am Satzanfang.**

die Katze hat schon viele Schulklassen gesehen nichts kann sie aus der Ruhe bringen

die Hunde heißen Strich und Klecks sie freuen sich immer über Besuch

Das Ausrufezeichen

Regel

Ausrufezeichen werden benutzt, wenn jemand etwas **ruft** oder **schreit**:
„Das ist aber schön!“

Manchmal ist es schwer zu entscheiden,
ob ein Punkt oder ein Ausrufezeichen gesetzt werden muss.
Oft geht beides: **Das ist aber schön! – Das ist aber schön.**

1. **Lies die Regel und die Sprechblasen.**

Hallo, wir sind da

Ich nehme schon einmal meine Tasche

Huhu, Herr Berger, hier sind wir

Irgendwie habe ich meine Jacke verloren, glaube ich

Oh, da hinten sehe ich schon Ponys

Mensch, ist das super hier

Frau Hölzen, Anne hat ihren Rucksack verloren und weiß nicht, was sie machen soll

He, da hinten laufen Hunde herum

Oh, wie süß, zwei Hunde

2. **Welche der Sätze haben die Kinder bei der Ankunft wohl laut ausgerufen? Setze dort Ausrufezeichen. Ergänze bei den anderen Sätzen Punkte.**

3. **Was könnten die Kinder bei der Ankunft noch gerufen haben? Schreibe es in die Sprechblasen und setze am Satzende Ausrufezeichen.**

....

....

Regel

Ausrufezeichen werden auch verwendet,

- wenn man nachdrücklich zu etwas **auffordert: Gib mir bitte die Tasche!**
- wenn man etwas **befiehlt**: **Hör sofort auf!**

Auch hier gilt: Manchmal kann man selbst entscheiden, ob ein Satz einen Punkt oder ein Ausrufezeichen als Satzschlusszeichen erhält:
Gib mir bitte die Tasche! – Gib mir bitte die Tasche.

4. Lies die Regel und die Sprechblasen. Setze Ausrufezeichen oder Punkte.

Holt bitte euer Gepäck aus dem Bus

Ich finde es hier wirklich sehr schön

Bringt das doch endlich einmal in eure Zimmer

Trödelt doch nicht immer so herum

Peter, guck mal, da drüben

Ich bin schon gespannt auf das Reiten

Vergesst nicht eure Kuscheltiere

5. Schreibe die Aufforderungssätze zu Ende. Setze Ausrufezeichen.

Nimm bitte ....

Halte doch einmal ....

Jetzt halt aber endlich ....

Das Fragezeichen

Regel

Einen Fragesatz kann man beim Vorlesen an der Betonung erkennen:

Hat Mia Hunger? **Mia hat Hunger.**

1. Lies diese Sätze halblaut und setze am Ende jedes Satzes einen Punkt oder ein Fragezeichen.

Lu will mit Marie in ein Zimmer

Will Lu mit Marie in ein Zimmer

Packt Julius schon aus

Julius packt schon aus

Isst Florian Gummibärchen

Florian isst Gummibärchen

**2. Forme jeden Satz so um, dass ein Fragesatz entsteht.
Denke an das Fragezeichen am Satzende.**

Alle Kinder haben großen Hunger.

Haben ....

Marius und Sina decken die Tische im Speiseraum.

Decken ....

Nun fehlen nur noch Gläser und Bestecke.

Fehlen ....

Heute gibt es Spaghetti und einen gemischten Salat.

Gibt ....

Auf den Tischen stehen verschiedene Getränke.

Stehen ....

Regel

Manche Fragen beginnen mit einem **Fragewort**, zum Beispiel mit **was, wann, wer, warum, wie, wo**.

Wohin soll ich meine Stiefel stellen?

Wann fangen die Reitstunden an?

3. **Markiere in diesen Fragen die Fragewörter.**

Wer von euch ist schon mal geritten?

Wie soll ich nur auf das Pony kommen?

Wem kann ich noch helfen?

Welche Stiefel sind meine?

Wo ist Herr Berger?

4. **Schreibe die Fragesätze ab.**

....

....

....

....

....

5. **Schreibe zwei Fragen mit Fragewörtern auf.**

....

....

Kommas bei Aufzählungen

**1. Endlich geht es mit dem Reitlehrer Herrn Berger auf den Reitplatz.
Lies den Text.**

Herr Berger hat ein weißes ein schwarzes ein braunes und ein geschecktes Pony gesattelt. Er sagt zu den Kindern: „Legt eure Jacken Taschen und Fotoapparate bitte auf die Tribüne.“ Dann dürfen Milan Laura Maja Sebastian und Martin zu Herrn Berger in die Mitte des Reitplatzes gehen. Er erklärt die Namen vom Steigbügel vom Sattelgurt vom Zügel und vom Führstrick.

2. Lies die Regel und setze im Text oben die fehlenden Kommas ein.

Regel

Bei Aufzählungen werden Kommas gesetzt.
Sie erleichtern das Lesen: **Die Ponys heißen Romika, Japur, Ben, Flitzi.**

Vor und oder oder werden keine Kommas gesetzt:
Die Ponys heißen Romika, Japur, Ben und Flitzi.

3. Schreibe einen Satz mit allen Kommas ab.

....

....

....

Regel

Aufzählungen können auch aus mehreren Wörtern bestehen:

Lukas beugte sich vor, klopfte Flitzis Hals und richtete sich wieder auf.

4. **Lies den Text.**

Lukas steckte seinen Fuß in den Steigbügel mit seinen Händen hielt er sich an einem Riemen am Sattel fest vorsichtig stieß er sich vom Boden ab sein rechtes Bein schwang er über den Rücken von Flitzi ganz langsam ließ er sich in den Sattel gleiten behutsam setzte er sich hin.

5. **Setze die fünf fehlenden Kommas so zwischen den Aufzählungen ein, dass das Lesen erleichtert wird:**

Lukas steckte seinen Fuß in den Steigbügel, mit seinen Händen …

6. **Schreibe den Text mit allen Kommas ab.**

Die wörtliche Rede

Regel

Was jemand sagt, wird in **Redezeichen** gesetzt: **„Die Reitstunde war toll!“**
Auch die Satzschlusszeichen gehören zu dem, was jemand sagt.

Damit man weiß, wer gesprochen hat, wird ein **Begleitsatz** hinzugefügt:
Lian sagt: „Die Reitstunde war toll!“

**1. Schreibe die wörtliche Rede hinter die Begleitsätze.
Denke an die Redezeichen.**

Wer hilft mir, die Ponys zu versorgen?

Herr Berger fragt: ……………………………………

Dürfen wir mithelfen?

Alle Kinder betteln: ……………………………………

2. Ergänze die Redezeichen.

Frau Hölzen erzählt: Heute machen wir eine Nachtwanderung.

Lias will wissen: Ob wir wohl in den Wald gehen?

Henny meint: Ich nehme auf jeden Fall meine Taschenlampe mit.

Rike prahlt: Meine Taschenlampe ist viel besser!

3. Schreibe die beiden Sätze mit Begleitsätzen auf.

Ich ziehe Stiefel an.

Ich erschrecke die anderen!

Tipp

Manchmal kann der Begleitsatz auch etwas länger sein:

Lukas schreit erschrocken: „Was war denn das?“

4. **Setze am Ende der Begleitsätze Doppelpunkte und vor und nach der wörtlichen Rede Redezeichen ein.**

Sören will von Marlene wissen Hast du das gehört?

Cosima erklärt Julius Das war der Ruf einer Eule.

Oliver flüstert Nola zu Ich mag keine Eulen!

5. **Denke dir einige Sätze mit wörtlicher Rede aus.**
Schreibe immer zuerst den Begleitsatz mit Doppelpunkt auf.
Schreibe dann mit Redezeichen, was gesprochen wird.

6. Test

Bist du fit?

1. Hier fehlen drei Punkte. Setze sie ein. /3

AM LETZTEN ABEND WIRD EINE KINDERDISKO VERANSTALTET ALLE DÜRFEN IHRE LIEBLINGSMUSIK MITBRINGEN ERST UM 21.00 UHR IST DIE DISKO ZU ENDE

2. Was ist richtig? Kreuze an. Drei Lösungen stimmen. /3

- ☐ Ausrufezeichen werden verwendet, wenn jemand etwas fragt.
- ☐ Ausrufezeichen werden benutzt, wenn jemand etwas ruft oder schreit.
- ☐ Manchmal passt am Satzende ein Ausrufezeichen oder ein Punkt.
- ☐ Manchmal passen am Satzende ein Ausrufezeichen oder ein Komma.
- ☐ Ausrufezeichen verwendet man, wenn etwas befohlen wird.

3. Wo passen Ausrufezeichen, wo Punkte? Ergänze sie. /3

Hört jetzt sofort mit dem Unsinn auf

Packt eure Sachen in eure Koffer, aber schnell

Ich habe zu Hause auch eine Katze

4. Was ist richtig? Kreuze an. Zwei Lösungen stimmen. /2

- ☐ Fragesätze kann man beim Vorlesen an der Betonung erkennen.
- ☐ Fragesätze erkennt man am Ausrufezeichen.
- ☐ Manche Fragesätze beginnen mit einem Fragewort.
- ☐ Manche Fragesätze beginnen mit einem Fragezeichen.

5. Fragezeichen oder Punkt? Ergänze die Satzschlusszeichen. /3

Wo sind meine Gummi-stiefel

Ich möchte am liebsten noch bleiben

Herr Berger, darf ich auch einmal mit meinen Eltern kommen

6. Was ist richtig? Kreuze an. Zwei Lösungen stimmen. /2

- ☐ Kommas werden am Satzende gesetzt.
- ☐ Kommas werden mitten im Satz gesetzt.
- ☐ Vor **und** und **oder** steht kein Komma.
- ☐ Nach **und** und **oder** steht ein Komma.

7. Ergänze die drei fehlenden Kommas. /3

In einem Zimmer liegen noch drei Socken ein Waschlappen und ein gebrauchtes Taschentuch auf dem Boden. Pola stellt ihren Koffer auf den Flur Mariella will sich noch von ihrem Lieblingspony verabschieden Florian sucht Frau Hölzen und Herr Berger hat einen Reitstiefel gefunden.

8. Was ist richtig? Kreuze an. Zwei Lösungen stimmen. /2

- ☐ Am Anfang des Begleitsatzes steht ein Doppelpunkt.
- ☐ Am Ende des Begleitsatzes steht ein Doppelpunkt.
- ☐ Die Redezeichen kennzeichnen das, was jemand sagt.
- ☐ Kommas kennzeichnen das, was jemand sagt.

9. Setze für jeden Satz die fehlenden Doppelpunkte und Redezeichen ein. /3

Paul ruft Tschüss, Romika, ich komme dich bestimmt einmal besuchen!

Marie meint traurig Wie schade, dass es schon vorbei ist.

Sina erzählt Anna Ich freue mich wieder auf mein eigenes Bett.

Dein Testergebnis

/24

Fachbegriffe

Adjektiv: Mit Adjektiven (Wiewörtern) kann man Dinge genauer beschreiben.
Beispiel: Das Auto ist schnell. – das schnelle Auto

Alphabet: Das Alphabet besteht aus den 26 Buchstaben von **A** bis **Z**.
Es enthält Vokale und Konsonanten.

Anführungszeichen → Redezeichen

Artikel: Artikel (Begleiter) sind Wörter, die vor den Nomen stehen.
Beispiel: der, die, das, ein, eine

Ausrufezeichen: Das Ausrufezeichen steht am Ende eines Ausrufesatzes oder eines Aufforderungssatzes.

Begleiter: Begleiter können Artikel sein oder andere Wörter, die vor Nomen stehen, zum Beispiel: meine, keine, solche, diese.

Begleitsatz: Der Begleitsatz zeigt an, wer bei der wörtlichen Rede spricht.
Beispiel: Paul erzählt: „Ich habe draußen gespielt."

Dehnungs-h: Ein Dehnungs-**h** kann auf einen langen Vokal folgen.
Man kann es nicht hören. Es steht nur vor den Buchstaben **l, m, n, r**.

Doppelter Konsonat: Ein doppelter Konsonat entsteht, wenn man nach einem kurzen Vokal nur einen Mitlaut hört. Beispiele: Wasser, stimmen

Doppelte Vokale: Nur bei ganz wenigen Wörtern mit einem langen Vokal wird der Vokal verdoppelt. Man muss sich diese Wörter merken.
Beispiele: Paar, See, Boot

Fragezeichen: Das Fragezeichen steht am Ende eines Fragesatzes.

Großschreibung: Satzanfänge und Nomen schreibt man groß.

Hauptwörter → Nomen

Komma: Zwischen Aufzählungen werden Kommas gesetzt.
Vor und und oder steht kein Komma.

Konsonant: Konsonanten (Mitlaute) werden folgende Buchstaben des Alphabets genannt: **b, c, d, f, g, h, j, k, l, m, n, p, q, r, s, t, v, w, x, y, z**.

Laut: Laute heißen die Buchstaben des Alphabets, wenn man sie spricht.

Mitlaut → Konsonant

Nachsilbe: Nachsilben sind Wortbausteine, die hinten an das Wort angehängt werden. Beispiel: Übung.

Namenwort → Nomen

Nomen: Nomen (Namenwörter, Hauptwörter, Substantive) werden großgeschrieben. Nomen sind Wörter für Lebewesen, Dinge, Gefühle.

Punkt: Ein Punkt steht nach einem Aussagesatz.
Redezeichen: Die Redezeichen markieren die wörtliche Rede.
Beispiel: Paul erzählt: „Ich habe draußen gespielt."
Satzschlusszeichen: Satzschlusszeichen sind die Zeichen, die das Ende eines Satzes markieren: Punkt, Ausrufezeichen, Fragezeichen.
Selbstlaut → Vokal
Silbentrennendes h: Durch deutliches und rhythmisches Sprechen kann man das **h** hörbar machen. Es bleibt bei verwandten Wörtern erhalten.
Beispiel: gehen – er geht
Substantiv → Nomen
Verb: Verben (Tuwörter) sagen, was jemand tut oder was geschieht.
Sie kommen in der Grundform oder einer gebeugten Form vor.
Beispiel: spielen (Grundform) – er spielt (gebeugte Form)
Verlängern: Wenn man Wörter verlängert, kann man manche Buchstaben deutlicher hören und besser erkennen.
Beispiel: bleibt – bleiben, Hund – Hunde, klug – kluge, Haus – Häuser
Verwandte Wörter: Viele Wörter, die mit **ä** oder **äu** geschrieben werden, haben ein verwandtes Wort mit **a** oder **au**.
Beispiel: Äste – Ast, sie fängt – fangen, Bäume – Baum, schäumen – Schaum
Vokal: Die Vokale (Selbstlaute) sind die Buchstaben **a, e, i, o, u**.
Auch die Umlaute **ä, ö, ü** gehören zu den Vokalen.
Vorsilbe: Vorsilben sind Wortbausteine, die vorn an das Wort angehängt werden.
Beispiel: suchen – versuchen
Wiewort → Adjektiv
Wortbaustein: Viele Wörter haben vorn oder hinten Wortbausteine (→ Vorsilbe, → Nachsilbe). Beispiel: Un-glück, glück-lich
Wortfamilien: Wörter einer Wortfamilie sind miteinander verwandt.
Sie haben denselben Wortstamm. Manchmal ändert sich der Vokal.
Beispiel: schmecken – Geschmack – schmeckte – geschmeckt
Wortstamm: Der Wortstamm ist der Hauptteil eines Wortes.
An einen Wortstamm können vorn oder hinten Wortbausteine angehängt werden.
Wörter mit demselben Wortstamm sind eine Wortfamilie.
Beispiel: SCHMECK – schmecken – Geschmack – schmeckte – geschmeckt
Wörtliche Rede: Was jemand sagt, ist die wörtliche Rede. Sie wird in Redezeichen (Anführungszeichen) gesetzt. Der Begleitsatz zeigt an, wer etwas gesagt hat. Beispiel: Paul erzählt: „Ich habe draußen gespielt."

Schroedel

2in1 zum Nachschlagen

ISBN 978-3-507-22292-2 • € (D) 9,95

ISBN 978-3-507-22293-9 • € (D) 9,95

Grundschulwissen griffbereit

Das Nachschlagewerk für die Grundschule

- Schülergerecht aufbereitetes Regelwissen im DIN-A4-Format
- Leicht verständlich durch einprägsame Beispiele
- Sinnvoll einsetzbar im Unterricht und bei den Hausaufgaben
- Gibt es für die Themenbereiche **Grammatik** und **Rechtschreibung** sowie für das Fach **Mathematik**

ISBN 978-3-507-22294-6 • € (D) 9,95